Gabriel Boragina

Gabriel Boragina

La meta de la sociedad superior

Ediciones Libertad

Gabriel Boragina

La meta de la sociedad superior

A mis maestros, pro-
fesores, alumnos, y a mis
seres queridos, con todo el
aprecio que guardo por
todos.

Gabriel Boragina

Contenido

Gabriel Boragina

Prefacio

El socialismo se impuso desde su primera aparición la meta de la sociedad superior. Puede decirse que esta ha sido un objetivo común tanto de los socialistas "utópicos" -como los denominara K. Marx- como del socialismo "científico" de este último. Este objetivo permanece, no ha desaparecido.

La creencia común que el socialismo y el comunismo desaparecieron "definitivamente" con la caída del muro de Berlín y la disolución de la URSS no tiene base, ni histórica, ni doctrinaria, ni política, ni económica, ni filosófica.

Tal noción, que fue ganando adeptos tras la publicación del libro de Francis Fukuyama sobre *El fin de la historia*, ha tomado cuerpo y puede decirse que, a pesar de las refutaciones sesudas que se le han hecho desde distintos autores, ha conquistado el pensamiento y el sentir de las sociedades de nuestro tiempo.

Sin embargo, el socialismo está más vigente que nunca, no sólo porque aún es el sistema actual en Cuba desde hace décadas y se le ha sumado el caso de Venezuela bajo los gobiernos de Hugo Chávez y Nicolás Maduro sino porque en varios países de Asia, comenzando por la China continental, sigue en pie bajo otras formas más "modernas".

Este libro tratará de despejar los mitos dominantes respecto de las cuestiones apuntadas líneas arriba, mostrando los signos de vitalidad el socialismo en sus diversas formas y manifestaciones, y las maneras bajo las cuales continúa operando en la mayor parte de los países del mundo, por no decir en todos ellos.

Los partidos comunistas y socialistas en algunas naciones han cambiado sus rótulos, pero no sus ideas y sus objetivos fundamentales, principalmente el primordial de todos, que es la toma del poder político y económico en los lugares en donde se asientan.

Han comprendido -tras una larga experiencia histórica- que los antiguos métodos revolucionarios no rindieron el fruto esperado y que la estrategia por medio de la violencia hubo creado reacciones que han ido más en su contra que en su favor.

Las sistemáticas que daban resultados hacen decenios, ya no funcionan. Los socialistas han entendido que el mundo ha cambiado, que sus necesidades son otras, como así también sus urgencias, y que las vías de la imposición del sistema socialista deben adaptarse a los tiempos que corren.

Este libro complementa, pero no agota los estudios[1] que hemos venido realizando sobre el tema desde hace algunos años atrás, reforzando conceptos, incorporando nuevos, y ampliando los ya dados.

Es en cierto modo un análisis del marxismo, ideología esta al que en forma fragmentada y tangencial nos hemos referido en parte de la bibliografía indicada en la nota anterior, pero que hasta el momento no habíamos abordado de manera central, sino que lo hicimos comparativamente, junto al estudio de otras doctrinas, y en marcos distintos al que se presentan aquí. De tal forma, *este es un libro nuevo y no un nuevo libro*.

Nuestro propósito es examinar en forma breve pero concisa, si esa meta noble e ideal (el de *la sociedad superior*) con la que nadie podría estar en desacuerdo, fue alcanzada por el marxismo en las diversas experiencias en las cuales se lo hubiera ensayado. Y si se llegara a la conclusión que no fue logrado el objetivo, examinar a fondo las razones por las cuales podría arribarse a semejante dictamen.

Para entrar en tema y no tener en suspenso al amable lector que se acerca curioso a estas páginas, he aquí algunos de los puntos por los cuales vamos a transitar en las próximas líneas: como la izquierda se define a sí misma y su diferencia con otras enunciaciones no izquierdistas; derechas e izquierdas y su concepto; derecha y nazi fascismo; la izquierda y su relación con la democracia; la soberbia y el papel que juegan las emociones humanas en las ideologías; la importancia de la izquierda; la profecía de Marx; Marx y el marxismo y su supuesta desvinculación; el comunismo como sociedad superior;

---

[1] Ver la bibliografía al final de este volumen.

La meta de la sociedad superior

las causas de la aparición del socialismo; qué es concretamente ser socialista y cuál es su sentir; la supuesta "caída" del comunismo; el *Manifiesto Comunista*; la falsa desaparición del comunismo; la envidia y su rol en el asunto; las diferencias entre el socialismo y comunismo; la vigencia de la teoría de la explotación obrera, entre otros temas que irán salpicando cada una de las paginas en las que el amigo lector esta por adentrarse.

El tono en cada tratamiento de los capítulos es de estilo coloquial, ello por cuanto en gran parte -sino en su totalidad- este pequeño volumen reproduce muchos de los debates que he tenido con personas de distintas partes del mundo acerca de los tópicos que hoy en forma de libro ofrezco al lector. Las discusiones con gente de diferentes pareceres, y que mantienen posiciones antagónicas a las propias, suelen enriquecer el conocimiento de manera mucho mas profunda que las exposiciones frías y monocordes, al estilo de las clases solemnes a las que estábamos acostumbrados a recibir en los claustros en nuestra época estudiantil. Por eso, indudablemente, este es un libro no académico, sino que -como siempre- apunta al lector común y corriente, lo que no empecé a que los académicos puedan tener algún interés en leerlo y sacar provecho del mismo. Es una lectura que -pese a su estilo informal- puede ser utilizada en las aulas, si se quiere como complementaria de otras de fondo. Aunque -reiteramos- no es un libro de texto, ni una obra de estudio de grado, por lo que no está redactada en ese formato.

De tal suerte que, como siempre he apuntado en mis trabajos anteriores, intento en este nuevo libro utilizar la terminología más simple posible, dejando de lado los vocablos técnicos que podrían ser de utilidad al público universitario (profesores, alumnos, etc.) pero que, seguramente, no representarían un elemento de interés para el lector que no pertenece a esos círculos.

Por las mismas razones antes dadas, no es un libro exhaustivo, no agota el tema del cual trata, simplemente no es más que una aproximación o -si se desea verlo así- una especie de introducción al análisis del marxismo que, seguramente, requerirá ser complementado con más cuestiones que ya tratamos antes, y que aquí se soslayan para no hacer pesada la lectura, y para concretarnos en lo más específico de la problemática a tratar. Por eso, la extensión es deliberadamente breve. Para lo demás, remitimos al lector a la bibliografía que se detalla al final de este pequeño volumen.

EL AUTOR

La meta de la sociedad superior

Gabriel Boragina

Capítulo 1 Algunas divisiones típicas

El sistema colectivista, clasista como hemos visto[2], se divide en *izquierda y derecha*. En la izquierda se ubican grupos de individuos que se congregan bajo diferentes etiquetas, por ejemplo, obreros, proletarios, empleados, por lo general, personas vinculadas a gremios de empleados dependientes. Podemos observar que, en la izquierda, se agrupan "clases" que se identifican por intereses laborales o también autodenominados "sociales". En la derecha, parecen posicionarse entidades patronales, empleadoras o empresarios, también llamadas por la izquierda "clases" dirigentes. Claro está que lo dicho antes, según las personas que dicen profesar ideologías de *izquierda*, término este que no designa ninguna otra cosa que a personas que adhieren a las ideologías socialistas, comunista o ambas por igual.

Siguiendo a las ideas de Marx, la gran división entre izquierda y derecha sugiere estar en el ámbito económico y, dentro de este, más específicamente, el laboral, según se esté del lado de los gremios de

---

[2] Ver la bibliografía al final de este volumen.

empleados o de los gremios de empleadores. En la derecha, se suele ubicar a los empleadores o "jefes" de empleados y/u obreros, los que - según la ideología marxista- se caracterizan por detentar alguna suerte de poder.

Cabe señalar aquí, que Marx en realidad habló de *burgueses y proletarios* (o *burguesía y proletariado*). Ocurre que los marxistas -expertos en ir cambiando palabras y significados de acuerdo a "razones estratégicas"- van creando neologismos, conforme las circunstancias y sus conveniencias personales se lo indiquen, y hoy, para los "proletarios" han creado el neologismo de "izquierda ", y reemplazaron el término "burguesía" por el de "derecha". Siguiendo este glosario y haciendo las "traducciones" correctas, el lector no tendrá dificultad en seguir el derrotero del nuevo léxico colectivista identificando a los actores de su parodia "clasista".

En la izquierda, también siguiendo a Marx y teniendo en cuenta la aclaración del párrafo precedente, se ubicarían aquellos que carecen de "poder". Otro rasgo "diferenciador" entre "izquierda y derecha" sería que el "poder "-que en teoría se encontraría sólo del lado de la derecha- se ejercitaría de manera "autoritaria" o "despótica". Veamos ahora la completa diferencia entre el individualismo liberal-capitalista y lo que precede.

Pero previamente, se impone aclarar que, quienes -en realidad- se posicionan del "lado" izquierdo no son ni los obreros ni los proletarios sino *sus ideólogos* o -lo que es lo mismo- la clase dirigente que los adoctrina para los *fines propios* de dicha "clase" dirigente que suelen ser contrarios a los de obreros, proletarios y lo que ellos dan en llamar con la locución vaga y etérea de la "clase trabajadora".

Como tendremos oportunidad de analizar más en detalle en el curso de esta obra, uno y otro término (no puede llamárselos "conceptos", en rigor académico) se han ensanchado en forma considerable, al punto tal, que en la izquierda se agrupa lo que se pregona como *políticamente correcto*, relegándose para la derecha, aquello que sería lo despreciable o, elegantemente denominado, *políticamente incorrecto*.

La meta de la sociedad superior

Ello, desde luego, sin ningún criterio científico (ni jurídico, ni político, ni económico, ni histórico, ni de ningún tipo) que lo justifique.

Tal cual hemos sostenido en otras partes[3] y aquí reafirmaremos y ampliaremos, consideramos que *derecha e izquierda* representan dos extremos, que -en lo esencial- comparten una misma sustancia. Entre sus características comunes y de las que ambos participan a pleno, podemos señalar las siguientes:

1. Radicalización en extremos opuestos: el elemento común es –precisamente- el extremismo de ambos, sí bien, de signo diferente.

2. Exaltación de la violencia como *ultima ratio* para el logro de sus objetivos. Es decir, comparten una metodología en común.

3. Conflicto permanente, confrontación y pugna entre ambos.

4. Afirmación de tesis conspirativas, acusadas recíprocamente.

5. Negación de toda posibilidad de posiciones intermedias entre ambos.

6. Negación filosófica y física del individuo y -por lo tanto- de todo individualismo.

7. Consecuencia del punto anterior: rechazo sistemático del capitalismo y del liberalismo.

8. Afirmación en el colectivismo, sea filosófico, económico, político cultural, educativo, "social", etc. en una palabra: universal.

9. Coincidencia plena en el argumento dialéctico.

Sin duda, podrán encontrarse muchísimos puntos más de concomitancia entre izquierda y derecha; y estos elementos que damos arriba, constituyen –meramente- un rápido esbozo de los muchos otros, que un análisis concienzudo y bien estudiado, evidentemente arrojará.

---

[3] Ver la bibliografía al final de este volumen.

En un ulterior capitulo examinaremos algunos casos prácticos –e históricos- de fenómenos políticos de izquierda y derecha, señalando asimismo las concordancias puntuales que aquí dejamos delineadas. En particular, nos detendremos en los casos del nazismo, el fascismo y el comunismo.

Hemos explicado, tanto en nuestras clases a nuestros alumnos, como en nuestros artículos y libros[4], apoyados en sólida bibliografía y respaldados por autores de la talla de Ludwig von Mises, Friedrich A. von Hayek, Murray Rothbard, Alberto Benegas Lynch (h) y muchos otros, cómo del socialismo deriva el marxismo, y cómo de ambos proceden el fascismo y el nazismo. No vamos a repetirlo aquí y daremos por supuesto que el lector conoce bien tales argumentos.

El colectivo socialista, está representado por los "obreros, proletarios, marginados, excluidos, disminuidos, alienados, vulnerables, etc." etiquetas todas aplicables siempre a la misma categoría de personas, que sólo van cambiando conforme las modas, que también intentan imponer -y de continuo imponen- los mismos colectivistas.

Por su lado, el colectivo nazi, está representado por la raza o la etnia; que va alternando de acuerdo a la época y el país que se trate; una forma atenuada de hoy en día, son los modernos *nacionalismos de tipo criollo o populista,* timoratas expresiones de un nazismo oculto e incipiente que posa de "democrático" pero que en realidad es demagógico; por último, el colectivo fascista está representado por la *corporación*, que en esta versión socialista, reemplaza a la masa obrera (comunismo) y a la raza o nacionalidad (nazismo), como síntesis de la corporación.

En la tesis fascista, obreros y empresarios ("clases sociales" en el socialismo) pierden identidad como grupos separados y antagónicos y confluyen en una corporación única que estará representada por el "estado" totalitario como síntesis conciliadora y unificadora de las divisiones internas en su seno. Es decir, los posibles conflictos entre corporaciones se sintetizan y se resuelven en la Gran Corporación o Corporación Mayor: el Estado fascista.

---

[4] Ver la bibliografía al final de este volumen.

La meta de la sociedad superior

Como se ve y se dijo antes, todos ellos tres son colectivos, y su antítesis y enemigo común en todas estas versiones no es otro que el individuo y la doctrina que defiende a este individuo, es decir, el liberalismo capitalista[5].

En rigor de verdad -y como bien ha enseñado L. v. Mises- la disputa real y de fondo no es entre *colectivismo en abstracto* sino entre sus dirigentes, los líderes que entran en conflicto a la hora de discernir quien de ellos detentará el poder mundial. Obsérvese que entre Hitler y Mussolini no había disidencia alguna sobre el particular. Mussolini ya había implícitamente aceptado que el futuro amo del mundo debía de ser Hitler. El enfrentamiento de este con su antiguo aliado Josef Stalin (dictador de la URSS) se debió al hecho de que el ruso no aceptaba que fuera Hitler el futuro amo del mundo sino el propio Stalin. Esto motivó que Hitler y Stalin -antes fuertes aliados- vieran roto el pacto de no agresión firmado por Molotov y von Ribbentrop en Varsovia cuando Hitler decidió invadir al gigante ruso. Pero en esencia, no estaban en juego *ideologías colectivistas* sino ambiciones personales de tres megalómanos. Estas eran todas las diferencias que los separaban.

Que el socialismo se haya puesto a la "izquierda" y haya ubicado en la "derecha" al fascismo y nazismo no borra estas similitudes y parentescos ideológicos entre los tres, excepto para los incautos. Esas etiquetas de izquierda y derecha creadas por ellos para sostener, mantener y reforzar su pretendido o real "antagonismo" son falsas y, en realidad, no tienen ningún rigor y no deberían motivar controversias, porque no las merecen. Baste tener en claro que nazismo, socialismo y fascismo son "parientes consanguíneos" que sostienen ardorosas disputas y contiendas "familiares", que determinar luego si son los tres de izquierda o de derecha, es una cuestión que carece por completo de importancia. Sea que al nazismo, socialismo y fascismo

---

[5] Si bien entendemos que liberalismo y capitalismo son solo dos palabras que expresan un mismo concepto, hay autores que no opinan de dicho modo. Por eso a veces y solo para reforzar nuestra noción -y aunque lo consideremos redundante- utilizaremos en forma conjunta ambos términos. En otras ocasiones cuando lo hagamos por separado se deberá tener presente que los usamos como sinónimos.

se los ubique en la izquierda o se diga que son los tres de derecha no tiene relevancia en absoluto, excepto para distraer la atención del asunto central.

La cuestión es tan disparatada y tan poco científica, que nazis y fascistas sostienen que el liberalismo es de izquierda, en tanto que los socialistas sustentan que es de derecha. Lo que refuerza una vez más la tesis de que el enemigo común que une a socialistas, nazis y fascistas es el liberalismo capitalista que defendemos.

Como liberal, no me interesa estar en la izquierda o en la derecha, siempre y cuando si me ponen en la izquierda, fascistas, nazis y socialistas estén los tres bien lejos en la derecha, o si gustan ponerme en la derecha; nazis, fascistas y socialistas estén los tres bien lejos en la izquierda. Entrar en este juego, en el que permanentemente entran y juegan nazis, fascistas y socialistas; sobre quién está en la derecha y quién en la izquierda, no es más que una manera bastante estúpida de perder el tiempo.

Sin embargo, y a juzgar por la cantidad de espacios que se les brindan a estas divisiones izquierdo-derechas en la prensa, medios varios y aun en los libros, parece que los juegos estúpidos atraen a más de un analista que posa de serio. De allí que me ría y no me llame la atención en absoluto que si converso con un nazi me diga que soy de "izquierda", en tanto que si lo hago con un socialista me diga que soy de "derecha" …yo no juego juegos estúpidos, porque sé muy bien de qué lado estoy...del lado del liberalismo capitalista, sea de centro, derecha o de izquierda, lo mismo da. El lector podrá ponerme, desde luego, del lado que más le agrade.

Por mi parte, tengo en claro que el liberal capitalismo no tiene nada que ver con nazismo, fascismo y socialismo por lo apuntado antes respecto del individualismo capitalista y el colectivismo socialista, fascista y nazi, la defensa de la propiedad privada del capitalismo individualista y el ataque en común contra ella de nazis, socialistas y fascistas para lograr su destrucción y su reemplazo por la propiedad colectiva (que en definitiva siempre desemboca en manos del estado tirano, ya sea que este estado sea gobernado por proletarios, nazis o fascistas).

Por eso carece de importancia donde está ubicado el liberalismo, si a la derecha, la izquierda o el centro. Lo cierto es que está lejos, pero muy lejos del nazi-fascismo-socialista. Luego de esto, cada uno podrá ponerle en el espectro geográfico o espaciotemporal que más le guste. Anotamos, no obstante, que hay liberales que confiesan ubicarse a la derecha. Respetamos -por supuesto- esas opiniones, pero insistimos que -para nosotros- es una cuestión vana, por completo carenote de todo rigor científico y practicidad política y económica.

Aunque ya nos hemos referido a este tema[6], nunca está de más darle un nuevo enfoque, sobre todo en épocas de creciente confusión conceptual y terminológica. Mantenemos nuestra tesis ya expuesta, en cuanto a que el fascismo puede ser tanto de izquierda como de derecha, considerando relativas estas dos últimas expresiones. Lo mismo cabe decir respecto de los vocablos "progresismo" y "populismo", nuevamente puestos de moda por regímenes como los de los Kirchner en Argentina, Morales en Bolivia, Correa en Ecuador y el comunismo chavista venezolano.

El Dr. Benegas Lynch (h) echa mucha luz sobre el tema cuando dice:

> "En realidad, tanto los nazis como los fascistas, al permitir el registro de la propiedad *de jure*, pero manejada *de facto* por el gobierno, lanzan un poderoso anzuelo para penetrar de contrabando y más profundamente con el colectivismo respecto del marxismo que, abiertamente, no permite la propiedad, ni siquiera nominalmente. Si miramos con alguna atención a nuestro mundo de hoy comprobaremos el éxito del nacionalsocialismo y del fascismo, que sin necesidad de cámaras de gas ni de campos de concentración avanzan a pasos agigantados sobre áreas clave que sólo son privadas en los papeles (en verdad, privadas de toda independencia) como la educación, las relaciones laborales, los bancos, los transportes, los medios de

---

[6] Ver la bibliografía al final de este volumen.

comunicación, el sector externo, la moneda y tantos otros campos vitales."[7]

Por supuesto, la Argentina del FpV (hoy FdT)[8] no escapa en modo alguno a esta sabia cita.

Y acierta nuevamente el citado profesor cuando agrega que: "...en los hechos, son muchos más los que suscriben las políticas del fascismo y el nacionalsocialismo con el aval de quienes inocentemente se auto titulan de izquierda. Si bien el origen histórico de las izquierdas radica en la oposición al poder en épocas de la Revolución Francesa, luego degeneró en el uso y en el abuso para provecho propio."[9]

L. v. Mises traza analogías entre el keynesianismo, el marxismo y el fascismo, con las siguientes palabras:

"De este modo [Samuelson], luego de servirnos una versión recalentada del tema de la giovanezza, de Mussolini, nos ofrece otros remanidos lemas del fascismo, tales como "la ola del futuro". Sin embargo, sobre este mismo punto, otro colaborador, el Sr. Paul M. Sweezy, no está de acuerdo. En su opinión, Keynes, corrompido por "los efectos del pensamiento burgués", condición a la que pertenecía, no es el salvador de la humanidad, sino sólo un precursor cuya misión histórica es preparar la mentalidad británica para la aceptación del marxismo puro, y hacer que Gran Bretaña alcance la madurez ideológica para llegar a un socialismo total."[10]

Dado que casi todos los populismos y progresismos siguen -de hecho- políticas económicas keynesianas, podemos concluir con el eminente economista austriaco que, se inscriben dentro de lo que ha

---

[7] Alberto Benegas Lynch (h) "Izquierdas y Derechas, Parientes". Publicado por La Nación, Buenos Aires. 1.9.10
[8] Ambas siglas corresponden al Frente para la Victoria y Frente de Todos, sectas del partido peronista creadas por el matrimonio Kirchner, la última (FdT) compuesta por Alberto Fernández como presidente y C. F. Kirchner como vice.
[9] Alberto Benegas Lynch (h) ídem. Art. Cit nota anterior.
[10] Ludwig von Mises. "CONVERTIR PIEDRAS EN PAN, EL MILAGRO KEYNESIANO". Revista Libertas XII: 43 (octubre 2005) Instituto Universitario ESEADE.

clasificado como lo que nosotros sintéticamente podemos denominar como socialismo marxi-fascista.

El Dr. Santos Mercado Reyes, adopta un enfoque similar cuando dice:

"Significa que no se comprenden los paradigmas. Un poco de gobierno en la economía y otro poco de iniciativa privada, ¿qué fundamento teórico sostiene esta mezcla? Supuestamente la teoría de Lord Keynes, sin embargo es una teoría sin fundamento económico, llena de contradicciones e incoherencias como ya lo señalara gente como Ludwig von Mises, Friedrich von Hayek, Hazlitt, Milton Friedman, etc. Sin embargo cabe preguntarse ¿y por qué con tantos defectos tomó hegemonía? la respuesta es que respondía a una oleada mundial de socialismo-fascismo. Además, a los gobernantes de ese tiempo les simpatizaban hombres que justificaran la concentración del poder en sus manos."[11]

Agregaríamos que en estos tiempos la cuestión no parece demasiado diferente.

El eminente filósofo K. R. Popper alude a las consecuencias morales del fascismo así:

"El nazismo y el fascismo han sido derrotados completamente, pero debo admitir que su derrota no significa que hayan sido derrotadas la barbarie y la brutalidad. Por el contrario, es inútil cerrar los ojos ante el hecho de que esas odiadas ideas lograron algo semejante a la victoria en la derrota. Debo admitir que Hitler logró degradar el nivel moral de nuestro mundo occidental y que en el mundo actual hay más violencia y fuerza bruta que la que habría sido tolerada aun en la década posterior a la primera guerra mundial. Y debemos enfrentar la posibilidad de que nuestra civilización pueda ser destruida finalmente por esas nuevas armas que el hitlerismo nos tenía destinadas quizás hasta dentro de la primera década después de la segunda guerra mundial. Pues, sin duda, el espíritu del hitlerismo

---

[11] Santos Mercado Reyes *El Fin de la Educación Pública*. México. pág. 40-41

ganó su mayor victoria sobre nosotros cuando, después de su derrota, usamos las armas que la amenaza del nazismo nos llevó a crear."[12]

El espíritu de confrontación que alimentan el progresismo y el populismo actual en la región, tornan alarmantemente vigentes estas palabras de K. R. Popper.

Como decíamos al comenzar, nuestra opinión es que resulta irrelevante decir que el fascismo es de izquierda o es de derecha, y -en el punto- adherimos en un todo a la postura del Dr. Alberto Benegas Lynch (h), extendiendo estas consideraciones a los llamados "progresismos" y "populismos" actuales que, del mismo modo, pueden ubicarse a la derecha o la izquierda. Creemos que estas políticas son -en el fondo- no otra cosa que *fascistas*, en el sentido en que los autores citados emplean el vocablo. A esa línea responden los populismos de los Kirchner, Morales, Correa y el chavismo que referimos con anterioridad. La secta Kirchner y el chavismo siguen maléficamente vigentes aun, en tanto bolivianos y ecuatorianos han logrado librarse por ahora de Morales y Correa.

En realidad, la terminología "izquierda-centro-derecha" me parece absurda. Confunde más que lo que aclara, y por tal motivo, siempre he sostenido que más valía la pena abandonarla, dejándola de lado en forma definitiva. Aun mantengo esa idea. Pero está tan extendida lamentablemente, que nos vemos forzados a seguir usándola al menos para que el lector que este tan familiarizado con ella pueda comprender este libro. *Lo realmente importante es poner de relieve que el liberal capitalismo no tiene nada que ver con tal terminología espacial, Maxime cuando el único espacio que ocupa es mental: o se es o no se es mentalmente liberal capitalista.*

También hemos explicado profusamente[13], la continua y permanente, arbitraria y malintencionada manipulación que del lenguaje

---

[12] Karl R. Popper. *Conjeturas y refutaciones El desarrollo del conocimiento científico.* Edición revisada y ampliada - ediciones PAIDÓS Barcelona-Buenos Aires-México. pág. 425.

[13] Ver la bibliografía al final de este volumen.

hacen estas tres doctrinas, que -normalmente y para mayor síntesis- abarcamos bajo el nombre común de *colectivismo*, ya que la base de sus postulados son colectivos, en franca oposición y enfrentamiento a los individuos.

Sentado esto, viene el más célebre de los engaños jamás pergeñado en política y economía, el ardid que pretende que, por estar estas dos de estas tres sectas "furiosamente enfrentadas" entre sí, "difieren" en "esencia", nada más falso y no por falso, menos extendido que esta enorme falacia.

Ciertamente, ha habido enfrentamientos históricos entre nazi-fascistas, de un lado, y socialistas por el otro; de la misma manera que han existido pugnas entre calvinistas, católicos, protestantes, luteranos y evangelistas, y así como estos últimos, entre tantos otros omitidos, creen todos en Cristo como el Salvador, y sin pretender trazar ningún tipo de analogía intrínseca entre esas doctrinas y las que siguen; de la misma manera, nazis, fascistas y socialistas creen los tres en el colectivo contra el individuo; creen los tres en la "propiedad colectiva" o "común" contra la privada; creen los tres en la violencia como metodología de acción válida y única, y estas creencias en común –más otras que veremos luego- también son la base de sus enfrentamientos internos, ya que la disputa versa no sobre si el colectivo es superior al individuo (cosa que ninguno de ellos niega), sino cuál colectivo concreto de los tres en combate ha sido el "elegido por el destino", el azar, el hado, o la providencia para ostentar el sumo poder mundial. En tanto los socialistas dirán que el colectivo dominante debe ser los trabajadores y/o los proletarios y obreros, o los pobres y excluidos (dependerá de la etiqueta de moda en ese momento a cuál le toque); el colectivo nazi dirá que deberá serlo la raza o etnia superior, en tanto que el fascismo sostendrá que debe ser el colectivo corporativista el supremo. Pero todos ellos excluyen al unísono y por unanimidad, al individuo y la propiedad privada.

Ahora bien, cabe aclarar que quienes creen en eso son sólo seguidores de dichas ideologías, pero sus líderes por cierto no creen en nada de eso, simplemente usan a sus fanáticos y adeptos (moderados o no) como simples instrumentos humanos para expropiar a quienes envidian y lucrar a costa de la gente que produce. Los líderes colectivistas ya sean socialistas, fascistas o nazis aman la propiedad privada cuando se trata de la suya o de la que pueden robar a los demás. Si la propiedad no está en sus manos hablan mal de ella, pero en realidad el ataque es a los propietarios y no a la propiedad privada en sí misma. Lo demás (colectivismos) es el contenido que solamente les sirve para sus discursos y para captar ingenuos y tontos útiles.

Históricamente sí, es verdad que han existido "diferencias" –como dijimos arriba- entre nazismo, fascismo y comunismo. Pero en lo básico de sus doctrinas; son idénticos, sus cimientos son comunes, sus fundamentos son los mismos; además, con iguales principios, aspiraban al mismo fin: el totalitarismo. Y las "diferencias" venían dadas -precisamente- por este último aspecto, el totalitarismo no puede ser compartido entre distintas facciones, el totalitarismo se estructura sobre la base de la eliminación lisa y llana del disidente, que en el caso de nazismo, fascismo y comunismo viene a ser el "diferente" es decir, el individuo.

Ellos que odian tanto la competencia capitalista que dicen de abolirla, contradice con sus actos lo que hablan con sus bocas, ya que los líderes que aspiran a la suma del poder público compiten entre sí para ver quién de ellos va a ser el único amo del mundo en donde la exclusiva opinión dominante sea la del amo supremo.

Recordemos que, tanto nazis, fascistas como comunistas consideraban que las personas que disentían con sus teorías políticas y económicas, lo hacían porque "padecían" de severas "anomalías psíquicas". Los "tratamientos psiquiátricos"[14] a los que fueron sometidos los disidentes y opositores en la URSS son suficientemente conocidos. Los nazis "no veían" posibilidad alguna de "regeneración" en los judíos por "razones" biológicas y raciales. Al percibir al judaísmo como una "raza" inferior y no como una religión, los nazis aseguraban ser "congruentes" al sostener que no era posible "convertirlos" al

---

[14] Se le daba este nombre a la tortura a las que eran sometidos los disidentes y opositores al comunismo, confinados en prisiones o campos de concentración.

nazismo. Se podía renunciar a una confesión religiosa –tal era su "filosofía"- pero no se podía renunciar a una raza. Sus doctrinas y creencias racistas no les dejaban –insistían- más que un sólo camino: la eliminación lisa y llana del diferente. Esto no se ve empañado por la posterior admisión de Hitler -expresada en una entrevista periodística- de que el problema del judaísmo era -en última instancia- una cuestión mental, porque continuaba implícito en su tesis que siendo la raza aria la superior, irreparablemente implicaba también una supremacía mental, por lo cual conforme a esta ideología todas las demás razas no arias debían "necesariamente" ser inferiores.

Es cierto que el fascismo pasó bastante inadvertido en el contexto histórico mundial luego de finalizada la contienda, pero no lo fue en virtud de que procedieran con menos ferocidad o fueran más "angélicos" que nazis y comunistas, sino que, en mi opinión, simplemente dispusieron de menos potencial bélico. Y –posiblemente- tampoco los cronistas de guerra hayan mostrado mayor interés en investigar las atrocidades cometidas por el fascismo de Mussolini. Se dedicó en cambio, inusitada difusión a los crímenes de guerra nazis, y hoy en día, existe una suerte de "sensación" de que el fascismo no fue más que un apéndice del nazismo, al punto tal que se acostumbra sintetizar y referirse a ambos como el nazi fascismo. Y de algún modo, es correcta dicha síntesis, excepto el factor racial no se advierten mayores diferencias que puedan separar al fascismo del nazismo, como se ha dicho, sus metodologías eran idénticas y sus fines –el totalitarismo- también marcaba un importante punto en común.

Que el régimen de Mussolini no pasara de ser -históricamente- una dictadura, no fue más que una circunstancia histórica. De haber tenido los medios necesarios a su alcance[15], Mussolini hubiera hecho exactamente lo mismo que hicieron Hitler y Stalin, o más aún que éstos. El daño material que un régimen pueda o no hacer, está en rela-

---

[15] Por ejemplo, geográficamente resultaba más fácil la expansión y la conquista a Alemania y a la URSS que a Italia, península rodeada por em mar al este, oeste y sur.

ción directa a los medios bélicos, geográficos y económicos de los que dispone, además del contexto internacional de la época.

Y tampoco puede descartarse el factor personal; todo parece indicar que, la brutalidad de Mussolini no pudo igualar la de Hitler, la que se expandió de modo diferente, a saber: la de Hitler lo hizo tanto interior como exteriormente a sus fronteras, en tanto que la de Mussolini más interiormente a las mismas.

Por lo demás, Hitler perseguía una idea de modo obsesivo y tenía una "doctrina" detrás de sí, que incluso articuló "intelectualmente" en varios discursos y en su obra más famosa, *Mi Lucha*[16]. No puede soslayarse el empuje y sostén personal que los líderes le dan a sus movimientos y que es lo que —en definitiva- determina que pasen o no a la historia con mayor o con menor fama. Tal me parece, son algunos de los motivos por los cuales Hitler sea, en el día de hoy, un personaje histórico más famoso que el *Duce*.

En punto al concepto de disidencia caben formular algunas apreciaciones rápidas. Dijimos -y reiteramos- que el comunismo-nazi-fascista tuvo (y tiene aún) como enemigo común al disidente individual, es decir, por el mero hecho de no formar parte de un colectivo, el comunismo-nazi-fascista considera que "esa" persona es "rea" de ser calificada de "disidencia" y merecedora de recibir el mote de "disidente". Este es otro tema que une al comunismo-nazi-fascista. El colectivismo es una ideología por definición cerrada y blindada a cualquier tipo de discrepancia. El que difiere es el "enemigo".

Pero además de ello, cada uno de los tres por separado, consideraba "disidente" a los dos restantes, es decir, tenían dos "tipos" o "categorías" del concepto de "disidencia", por un lado, la disidencia de la persona individual, por el mero hecho de ser eso: una persona individual, y por el otro lado, la disidencia del colectivo o grupo

---

[16] Ciertamente la doctora nacionalista no fue una invención de Hitler, ya que le precedía y fue elaborada por diferentes autores que influyeron en la mentalidad europea y no solamente alemana. Tampoco Hitler fue la persona elegida por el destino para llevarla a la práctica, sino que fue el personaje que reunió todas las características psicológicas patológicas necesarias para expresar la versión más salvaje y brutal de una ideología criminal.

ajeno, por ser -sencillamente- ajeno. En una palabra, los tres condenaban al unísono a la persona individual y a la vez condenaban al grupo disidente, no por su calidad de grupo, sino por no adherir a la doctrina que cada uno de los grupos restantes consideraba la "verdad revelada".

Pero no ha de olvidarse que en el colectivismo la palabra disidente significa mucho más que "diferente"; un disidente en la doctrina colectivista es literalmente un enemigo al que hay que combatir, y por, sobre todo, vencer. La mente individual es incompatible con cualquier clase de colectivismo, sea racista, clasista o corporativista.

Con todo, el factor racial como rasgo distintivo entre el fascismo y el nazismo fue y es una mera máscara y –en gran parte- una mentira histórica. O al menos, una exageración. El enemigo de Hitler, Stalin y Mussolini era uno y el mismo en los tres casos: el capitalista. La diferencia era de matiz. Hitler "veía" en el judío al capitalista, en tanto Stalin y Mussolini lo "veían" -ambos- en el burgués, judío o no. La "visión" corporativa del fascismo "veía" un enemigo en todo individuo que estuviera fuera o rechazara pertenecer a una corporación, de todos modos, lo que queremos dejar aquí sentado es que el enemigo común del comunismo-nazi-fascista consistía en aquel que tuviera el dinero y que no perteneciera al régimen, o bien, a los grupos autorizados por el régimen, en lo que en un lenguaje moderno llamaríamos hoy, a quienes no fueran "políticamente correctos".

También expoliar al rico era una forma de someter al disidente. La expoliación colectivista no sólo buscaba respaldarse en una ideología, sino que esta -a su vez- servía de excusa para que líder colectivista sometiera a los díscolos a través de expoliaciones legales. Hoy en día "desaparecidas" -al menos "oficialmente" las ideologías-en examen los gobiernos supuestamente "democráticos" persiguen a través de sus oficinas fiscales a los ricos con idéntica finalidad.

Esto es muy claro leyendo las fuentes, por ejemplo, el ya mencionado *Mein Kampf (Mi Lucha)* "obra cumbre" de Hitler y examinando los discursos de Mussolini, donde ataca en forma despiadada al capitalismo. En el nazismo, las condiciones de judío y capitalista son "inseparables" y hasta podría decirse que intercambiables. Puede decirse que era más grave ser capitalista que judío, aunque para el nazi una cosa suponía la otra prácticamente de manera automática.

En su libro *Mi Lucha*, Hitler nos "explica" que no ataca a los judíos por razones religiosas (las que deja "a salvo", hasta el punto en el que, en un pasaje; afirma que exterminando a los judíos *cumple* con el mandato de Jesucristo, cuando expulsa a los mercaderes del templo, en un célebre fragmento bíblico, acusando a dichos mercaderes de haber convertido la casa de Su Padre en una cueva de ladrones). Esta parte en la obra de Hitler me llamó mucho la atención. Y el resto de su libro confirma lo que digo. Hitler acomete al judío no por ser judío, es decir, no por su religión, sino por ser "capitalista". Es decir, por razones económicas y no religiosas, tampoco raciales. Lo racial fue simplemente una excusa, una mera justificación, un lema de propaganda, posiblemente fundado en un odio personal que se intentó justificar como pretexto para despojar de su capital a todo el mundo, judío o no.

Lo expuesto es muy sencillo de demostrar. Si la tesis racista de razas "superiores" e "inferiores" fuera cierta, y en esta línea de ideas, hubiera sido "cierto "que la raza aria era "superior" a la judía (entre otras), carecía de completo sentido que una raza "inferior" pudiera ser una "amenaza" a una raza "superior". Por ende, faltaba de mayor coherencia que la raza pretendidamente "superior" se empeñara de exterminar a quienes jamás podrían constituirse en un desafío, precisamente, por su pretendida condición de raza "inferior".

Lo que creo que puede afirmarse es que Hitler fue un auténtico nacionalista y es claro que el nacionalismo no es compatible sino contrapuesto al capitalismo como tampoco el racismo.

Todo esto surge con claridad de la lectura de la obra de Hitler. El racismo fue tan sólo una torpe excusa, una tosca justificación. Como mucho, se podrá decir que la raza -por si misma- no significaba "motivo" alguno para acosar a los judíos, excepto que hubiera algún "factor racial" o que se considerara inherente a esa "raza" y que –además- se pudiera creer una "amenaza". Ese "factor racial amenazante" según los nazis, era el capitalismo y la condición de capitalista que gratuitamente ellos (los nazis) le asignaban a priori a la "raza" judía, cuando el capitalismo no conoce de razas, ni de nacionalidades, ni de religiones.

Fueron los socialistas; (que escribieron la historia de lo que vino después) los encargados de divulgar la tosca excusa racial (el simple racismo, desprovisto de cualquier otra connotación) como la idea "principal" del nazismo alemán, cuando una verdadera investigación histórica (nada profunda, sólo leyendo el *Mein Kampf* surge todo claro) la desmiente completamente.

Hitler no era exclusivamente racista porque no le simpatizaran los judíos. Era anticapitalista y "veía" en el judaísmo la corporización del capitalismo. O, en el mejor de los casos, su "racismo" era algo meramente anecdótico y complementario, sólo utilizable como pura justificación para sus verdaderos planes. En su "realidad", el judío era simplemente *el medio, el instrumento* en el cual se "corporizaba" el capitalismo, que era lo que él odiaba centralmente. Pero concediendo el beneficio de la duda histórica; podemos dar por válido que consideraba un elemento inherente a la "raza" judía el ser capitalista, en la concepción *biológica* que encierra todo racismo, en el racismo nazi, el capitalismo iba indisolublemente unido como condición a la "raza" judía, y –para los nazis- "no se podía dejar de ser una cosa sin la otra", no se podía dejar de ser uno sin el otro, como no se podía renunciar a ser judío, tampoco se podía renunciar a "ser" capitalista porque -en la ideología nazi- ambas condiciones era raciales, inherentes e indisolubles.

En ese sentido, repito que, de haber contado con los medios económicos, geográficos y bélicos de los que disponía Hitler, muy posiblemente Mussolini hubiera sido mucho peor que él, y hoy en día –históricamente- ocuparía su lugar como uno de los más célebres asesinos del siglo XX. Que no haya sido así, se debió a meras circunstancias históricas, económicas, geográficas y políticas, y no a que no hubiera estado en el centro de su doctrina el exterminio del capitalista.

Con todo, desde luego, la de Mussolini no es más que una simple hipótesis mía. Lo medular de la cuestión es, que no existían "diferencias" ideológicas acusadas entre nazismo, comunismo y fascismo. Las diferencias aparecían en el terreno personal de cada dictador y no en la base, dado que en la metodología y el objeto final todas las dictaduras de cualquier signo confluyen hacia un mismo punto final: la destrucción del diferente y el poder total del jefe máximo.

Fascismo, nazismo y comunismo estuvieron y están aliados en el núcleo principal de su doctrina; el exterminio del capitalismo y con él el de todos los capitalistas.

Cuando entremos de lleno en el análisis del capitalismo, volveremos a examinar otros aspectos que lo diferencian en forma tajante del nazismo y el fascismo, con el que frecuentemente, se lo busca asociar. Todo ello; lo dejamos para más adelante.

En lo que a mí respecta soy *liberal*, me considero tal, pero no en el sentido marxista-izquierdista del término tergiversado y peyorativo de la palabra "liberal", sino en el sentido propio del vocablo, es decir, lo que se entiende por *liberalismo* desde el punto de vista de la Escuela de Manchester, el librecambismo, el llamado liberalismo clásico y su posterior evolución hasta desembocar en las modernas corrientes de la Escuela Austriaca de Economía. De modo tal, que en las líneas que siguen -y en homenaje a la brevedad- daré por sobrentendido que el lector frecuenta o se encuentra familiarizado con las doctrinas de dichas corrientes de pensamiento; caso contrario, el texto que sigue será mal interpretado o confuso para aquellos que no conozcan mínimamente las tesis que sustentan esas vertientes del pensamiento citadas antes[17].

Sentado esto, el término *liberal*, tiene largo arraigo en la doctrina y en las elaboraciones tanto políticas como económicas, incluso en las sociológicas, no sucediendo lo mismo con la palabra "derecha".

De la derecha lo que dice el diccionario es lo que sigue:

---

[17] Ver la bibliografía al final de este volumen.

La meta de la sociedad superior

derecha (lat. directa) f. Mano derecha. 2 En las asambleas parlamentarias, conjunto de los representantes de los partidos conservadores. 3 p. ext. Conjunto de personas que profesan ideas conservadoras. 4 ¡Derecha!, voz de mando militar para ordenar al soldado que se vuelva hacia la mano derecha. SIN. 1 Diestra[18]

Lo que nos lleva a indagar sobre la definición de conservador, de lo que el diccionario nos informa:

conservador, -ra adj.-s. Que conserva. 2 [pers., opinión o partido político] Que tiende a mantener lo establecido: diario ~; partido ~. - 3 m., f. Persona que cuida de la conservación de alguna cosa: ~ del museo del Prado.[19]

De este modo, y siguiendo las acepciones dadas, no cabe duda, en mi opinión, que el liberalismo no tiene punto de contacto con la derecha política, y por tal motivo, me resisto a considerar que la derecha y el liberalismo puedan ser identificados y, menos aún, confundidos.

Pero hay otra acepción más de la palabra "derecha" que el diccionario no explicita, y es un significado inventado por la autodenominada izquierda; según esta interpretación izquierdista, la "derecha" sería todo aquello que se le opone a la izquierda, ¿y que es entonces lo que se le opone a la izquierda? Para responder esta pregunta, en primer lugar, deberemos analizar quienes se consideran a sí mismas personas de "izquierda". Lo mejor será hacerlo desde el punto de vista descriptivo.

---

[18] "derecha", Enciclopedia Microsoft(r) Encarta(r) 99. VOX - Diccionario General de la Lengua Española, (c) 1997 Biblograf, S.A., Barcelona. Reservados todos los derechos.

[19] "conservador, -ra", Enciclopedia Microsoft(r) Encarta(r) 99. VOX - Diccionario General de la Lengua Española, (c) 1997 Biblograf, S.A., Barcelona. Reservados todos los derechos.

Gabriel Boragina

"La izquierda" es el vocablo elegido por los socialistas para reemplazar esta última palabra. Fieles practicantes de la tergiversación semántica sistemática, conforme las enseñanzas marxistas, práctica en la cual no se les puede negar un empeño e ingenio notable, y dada la enorme importancia que las etiquetas tienen para la ideología socialista, una vez que un vocablo por ellos acuñado pierde popularidad, cae en desgracia, sospecha o descrédito, los socialistas; en lugar de cambiar la ideología que subyace detrás de la etiqueta, o de pensar siquiera en su fracaso; eligen cambiar la etiqueta.

Esto es adrede, y forma parte de una añeja estrategia política, toda vez que, en las mentes más ingenuas, el cambio de etiquetas genera la impresión de un "transformación de fondo" y no de forma, y así, quien escucha hablar de socialismo por un lado y de izquierdas por el otro, tiene una primera impresión de estar oyendo hablar de "cosas diferentes" o de "algo nuevo". Este es el modo, la metodología por la cual, los socialistas han logrado mantener a tanta gente engañada durante tanto tiempo. No es más que una estrategia de confusión deliberada.

Despojada la careta, y descubierto que, detrás de ella, no se encuentra más que la misma ideología socialista caduca de antaño, para definir pues a la derecha, no queda más remedio que estudiar qué es lo que se opone a la izquierda, o sea a los socialistas o, mejor dicho, al socialismo. En este sentido, el único adversario serio del socialismo fue y es no otro que el liberalismo, y así visto, parecería que debiera concluirse que el liberalismo es (o está en) la derecha. Esto es aceptado efusivamente por los socialistas que, como se ha dicho, eligieron adrede y cuidadosamente los vocablos a utilizar. Pero lo expuesto no les fue suficiente. Incapaces de mostrar ningún éxito histórico, ni político, ni económico, el socialismo (ahora "izquierda") sólo puede sobrevivir señalando un culpable, un enemigo letal, un responsable ajeno a ellos de sus propios fracasos; para este último fin eligieron, además de inventar la palabra "derecha", incluir en el grupo, no sólo a sus tradicionales enemigos liberales, sino también a nazis y fascistas, como explicamos en este libro. Lamentablemente, algunos

La meta de la sociedad superior

liberales han aceptado el mote, lo que contribuye a reforzar la estrategia socialista de agrupar a liberales con nazis y fascistas, y decir de ellos que son todos, una misma cosa, lo que ya demostramos falso.

No volveremos aquí a repetir todo lo dicho sobre los orígenes comunes de las doctrinas socialistas, nazis y fascistas, siendo estas dos últimas meras sectas del socialismo, simples desprendimientos del tronco "madre" socialista[20]. Existe abundante, excelente, documentada y muy seria bibliografía y pruebas sobre esto. Baste señalar, a estos efectos, que la disputa entre estas sectas se limita a dirimir cuál de sus iconos ostentará el poder final. En tanto que –como explicamos- el socialismo postula y reivindica el poder para *obreros, asalariados, sumergidos, marginados, proletarios, trabajadores, explotados, excluidos, vulnerables, etc.* (estas etiquetas también van cambiando conforme conveniencias, tiempo y lugar), los nazis lo reclaman para la raza o etnia aria, y los fascistas para el estado corporativo representado en el Duce (cualquiera sea su nombre y apellido). Pero ya hemos hablado bastante de esto.

Dada pues, la enorme confusión y tergiversación semántica existente lograda por los socialistas, me niego; como liberal, a formar parte de la "derecha"; (en rigor, su derecha, la "derecha" según el socialismo) y -por obra y gracia de los marxistas- verme obligado a compartir un mismo lugar con nazis y fascistas, que, si bien no son marxistas, sin duda si son socialistas, tanto como Hitler y Mussolini repetidamente lo confesaron, sea en público como en privado.

Soy consciente -como adelanté- que otros liberales se consideran "de derechas" entendiendo (correctamente, por cierto) que la izquierda la componen socialistas y nazifascistas. Este agrupamiento es el exacto, a mi modo de ver, como ya se ha explicado, pero, desafortunadamente, los socialistas -triunfadores en la batalla ideológica-, han logrado convencer a las masas de lo contrario.

Algunos liberales -para no perder "su lugar" en "la derecha"-, afirman que el liberalismo es "de derecha", en tanto el nazifascismo –dicen- es la "extrema derecha", pero esta falaz "clasificación" va al

---

[20] Ver la bibliografía al final de este volumen.

juego sucio de los colectivistas, además de no ser realista, por no tener el liberalismo ni el capitalismo ningún punto de contacto ni en común con el nazifascismo.

De modo tal que, personalmente, no afirmo ser "de derechas" ni ser "de izquierdas", afirmo ser –simplemente- liberal ajeno a toda derecha y a toda izquierda. Podría quizás compartir la postura de ciertos liberales que afirman encontrarse en *el centro*.

El rol de la democracia.

La idea de que el gobierno deba ser guiado por la opinión de la mayoría, sólo tiene sentido en el caso de que aquella opinión sea independiente del gobierno. El ideal democrático se funda en la creencia de que la opinión que debe dirigir la acción del gobierno, se origina en un proceso espontáneo e independiente. Por tal motivo, requiere la existencia de un amplio sector, independiente del control de la mayoría, dentro del cual los individuos puedan formar sus opiniones.

F. A. HAYEK, *The Constitution of Liberty*

A veces nos preguntan por qué tenemos los liberales una visión tan "negativa" de los socialistas. Otros nos dicen que no generalicemos, que los socialistas no son todos iguales. Sin duda, los socialistas no son todos iguales, pero el socialismo si es igual en todas partes, aunque cambian los modos de aplicarlo. Y por esto, si caben las generalizaciones, ya que un socialista -en nuestra nomenclatura- no es sino un seguidor del socialismo y adherente a sus dogmas.

Naturalmente, hay variantes y matices dentro del socialismo, de la misma manera que las hay –por ejemplo- en una casa, pero por muchas que sean esas diferencias, existen elementos característicos o típicos que nos permiten distinguir una casa de –por ejemplo- un elefante o de un río. Con el socialismo –y con todo, en rigor- ocurre exactamente lo mismo; posee -sin duda- gran número de variantes y matices, pero son sus elementos característicos y típicos los que nos permiten diferenciar a un socialista de un liberal-capitalista.

El socialismo es una ideología intrínsecamente violenta, y no puede imponerse si no es por vías violentas. En esto el socialismo es coherente consigo mismo como ideología. Todos los intentos de imponer el socialismo por vías pacíficas fracasaron irremediablemente, y no porque fueran pocos. No pudieron hacerlo los socialistas utópicos, ni los postmarxistas de la sociedad Fabiana, ni Gramsci. El socialismo sólo pudo llegar a ser conocido por las vías violentas, siendo el ejemplo paradigmático la revolución bolchevique de 1917; luego la china y más tarde la cubana. Quizás estas tres fueron las formas más duraderas en el tiempo del socialismo, y a la vez, la más trágicas, tanto por esa extensión en el tiempo como por la intensidad con la que se aplicaron los dogmas socialistas. El mundo de hoy aun padece tales consecuencias.

De allí que los soviéticos, desde Lenin hasta el derrumbe de la URSS pasando por el estalinismo, fueron consecuentes con la doctrina socialista de Carlos Marx. Marx era un hombre violento que predicaba y propiciaba la violencia sin tapujo alguno. Su ideología como tal –el socialismo- es una ideología de odio y de violencia. Todas las facciones socialistas que se derivaron de su ideología, ya sean el fascismo, el nazismo o el anarquismo, también predicaban la misma clase de violencia. De modo tal, que tenemos todo el derecho del mundo a sospechar de aquellos que se instruyen en el socialismo como de violentos, sean actuales, encubiertos o potenciales.

Poco importa que el socialismo del que hablamos, actualmente se haga llamar "izquierda "o "progresismo" como está hoy de moda. Esto no es una cuestión de rótulos, sino de contenidos. No nos ocupamos de asuntos de **forma**, sino de **fondo**.

Los experimentos que se auto denominaron "socialistas" y que llegaron a gobernar por vía de elecciones en apariencia "democráticas", no fueron socialistas puros en esencia. Se trataron (y se tratan aun) de socialdemocracias. La socialdemocracia no es socialismo puro, es algo intermedio (o intenta serlo más bien dicho) entre el socialismo y el capitalismo. Se trata de una "doctrina" (si es que le cabe el nombre de "doctrina") "ecléctica" que pretende tomar "lo mejor" de ambas ideologías (según proclaman pomposamente sus defensores) y hacer algo "nuevo". Pero "eso" no es socialismo puro. Socialdemocracia fue la de Salvador Allende en Chile en los años 1970, como lo fue Suecia hasta hace nos años atrás.

En cambio, un gobierno socialista es el de Cuba con Fidel Castro, el soviético, el chino y sus derivados. Hay que agregar a esta breve lista al castrocomunismo chavista de Venezuela experimento iniciado por el dictador Hugo Chávez y continuado por su sucesor Nicolas Maduro. En el mismo camino se dirigían los proyectos de Evo Morales en Bolivia (quien renunciara después de haberse hecho elegir ilegítimamente por cuatro periodos sucesivos presidente) y el del socialista Rafael Correa en Ecuador. Si bien estos últimos casos mencionados encuadran más dentro de la figura del *populismo*, su parentesco con el socialismo es innegable y nos hemos explayado con detalles en los mismos[21]

Repetimos que hacemos hincapié en los contenidos y no en los rótulos. Mas allá de si pudiesen algún día lograr sus propósitos (hasta el presente a los socialdemócratas les fue imposible alcanzar sus metas en todas partes donde gobernaron, mucho o poco), reiteramos que no establecemos aquí cuestiones terminológicas. Mas bien intentamos aclarar conceptos confusos de uso generalizado en el hombre común y también, lamentablemente, en algunos sedicentes hombres "cultos".

Ahora bien, la meta de la socialdemocracia coincide con la del socialismo en lo fundamental: la abolición de la propiedad privada. El fracaso socialdemócrata en lograrla se debe a la resistencia natural que la gente opone a verse privada de su propiedad, y en que la metodología de la socialdemocracia excluye la violencia directa en el éxito de dicha finalidad. En su lugar, al pretender armonizar capitalismo con socialismos la socialdemocracia crea recurrentes crisis económicas y políticas.

---

[21] Ver la bibliografía al final de este volumen.

La meta de la sociedad superior

Los socialdemócratas tratan de ser pacifistas, pero pecan en su intento de aplicar la parte socialista de sus programas, por eso sus gobiernos fracasan irremediablemente como lo atestigua la historia. Al resistirse a utilizar la violencia revolucionaria para expropiar la propiedad privada, quedan a mitad de camino en sus planes y aparece la crisis económico-política. No entienden que el socialismo sólo puede imponerse e imperar por vías violentas. La alternativa siempre es entre el socialismo y el capitalismo, no hay "terceras vías".

Una vez acaecido el fracaso socialdemócrata, sólo pueden mantenerse mediante la propaganda, que también es una técnica y táctica socialista. La propaganda socialista es esencial al socialismo porque es lo único que permite mantener el mito socialista. Marx, Engels, Lenin, Hitler, Mussolini, Stalin y otros socialistas del estilo, hacían mucho hincapié y daban una importancia fundamental a la propaganda como parte del plan de salvavidas que ocultaba sus fracasos estrepitosos en todos los terrenos. Consiste en difundir que todo está bien cuando, en realidad, todo se está desmoronando.

Más cuando la propaganda tampoco funciona, el último recurso que les queda a los dictadores es el uso de la fuerza. Esto explica, entre otras cosas, la razón por la cual regímenes que comenzaron accediendo al poder a través de elecciones democráticas, tales como el nazismo alemán, sólo pudieron mantenerse en el mismo a través de una adecuada combinación de ambos recursos, esto es; una permanente y constante propaganda del régimen; y en la medida en que la credulidad en esta propaganda iba disminuyendo, el régimen se veía obligado a incrementar la dosis de represión sobre los disidentes. Normalmente, se cree que el único factor por el cual el nazismo se mantuvo en el poder fue el de la fuerza contra los propios alemanes, lo cual es una formidable mentira histórica. Los alemanes -en su gran mayoría- apoyaban fervorosamente al gobierno nazi. El gobierno de Hitler, solamente debía mantener bajo la represión a un mínimo número de disidentes; la gran mayoría de los alemanes, por el contrario, se encontraban fascinados y seducidos por el aparato propagandístico y la parafernalia nazi, que ejercía una suerte de hipnotismo masivo de una eficacia tal, que aún hoy en día, resulta verdaderamente sorprendente si se estudia desde el ángulo de los fenómenos de masas[22]. Sólo en los tramos finales de la guerra el régimen nazi fue perdiendo el apoyo popular del que gozaba dentro de sus fronteras, y entonces extendió su represión a mayor número de gente.

Y porque es esencial al socialismo la violencia, es por ello que es una contradicción hablar de un socialismo "democrático". El socialismo sólo puede aprovecharse de la democracia para -una vez logrado el poder- destruirla, pisoteándola como lo ha hecho siempre que el socialismo se ha impuesto por las urnas, caso a ejemplo el alemán de los nazis con Hitler. En su origen la democracia fue liberal, y fue degenerando con el tiempo, pero ese origen fue de lo que se quisieron valer muchos turnos de ayer y de hoy para "legitimar sus tiranías.

El socialismo, sobre todo el marxista, o sea, el más popular de todos los socialismos, rechaza abiertamente el sistema democrático por atribuirle el terrible anatema de "institución burguesa"; en efecto, para el socialista la democracia no es ninguna otra cosa que un mero instrumento de represión o uno más de todos los disponibles para oprimir a la clase trabajadora, de allí que el socialismo rechace de plano la democracia y sólo acepte como vía de acceso al poder la revolución. Este punto de vista los aleja (sí bien no llega a enfrentarlos) con la socialdemocracia. Estos últimos –vistos por los socialistas como auténticos ingenuos inoperantes- se han esforzado por tratar de imponer el socialismo por medio de las urnas, pero como dejamos señalado, han fracasado en tal intento. Sus resultados prácticos son diferentes grados de intervencionismo en las instituciones (políticas y económicas) que jamás consiguen mantenerse estables en el tiempo y que a la larga o a la corta terminan derivados en grados de intervencionismo cada vez mayor, hasta desembocar en formas violentas de socialismo (este ha sido el proceso que llevó a Europa a pasar de una

---

[22] Analizamos los fenómenos de masas con algún detalle, en nuestro libro La Democracia editado por Ediciones Libertad donde examinamos, además, las opiniones de algunos psicólogos al respecto.

La meta de la sociedad superior

mayoría de gobiernos socialdemócratas antes de la segunda guerra mundial a las feroces tiranías rusa, alemana e italiana.

Resumiendo, la socialdemocracia termina más tarde o más temprano convirtiéndose en un camino intermedio entre dos formas de socialismo: una menos violenta (socialismo) y otra decididamente violenta (comunismo), con lo cual, tan proclamada "pretensión" de convertirse en una alternativa intermedia entre el socialismo y el capitalismo acaba en un completo fiasco, que sólo sirve para remarcar las enormes diferencias que separan a los sistemas socialistas del capitalismo, a favor de este último. Y el progresismo socialdemócrata si no se detiene a tiempo, o no se revierte, concluye en socialismo, y luego comunismo como la historia prueba.

La izquierda se define –principalmente- por su negación, aborrecimiento o supresión directa o indirecta, gradual o abrupta de la propiedad privada, conforme ya lo han explicado en forma muy satisfactoria Ludwig von Mises, Friedrich A. von Hayek y demás autores de la Escuela Austriaca de Economía.

Enemigos de la propiedad privada son el fascismo, el nazismo, el socialismo, el anarquismo, el comunismo y por lo general todas aquellas corrientes ideológicas que se engloban bajo el nombre genérico de *colectivismo*. Esas ideologías son colectivistas. El capitalismo es individualista. Esta diferencia es crucial, fundamental y abismal. Cuál es la postura respecto de la propiedad determina quién es quién.

Si se desea hablar de "izquierdas" y "derechas" lo dicho ubica en la izquierda al fascismo, nazismo, al socialismo, al anarquismo, al comunismo (colectivismo). Pero es más claro referirse al colectivismo o anti colectivismo (individualismo).

Pero -además- el capitalismo es democrático y el colectivismo no lo es ni puede serlo, por -en parte-, las razones que hemos dado en los párrafos precedentes. Y en otra parte, porque al negar la propiedad, implica rechazar la propiedad del propio actuar, es decir, la individualidad de los actos personales lo cual es un contrasentido porque los actos de una persona no pueden ser sino individuales. Nadie en el ejercicio de su propria conducta puede tener actos colectivos. La persona sólo puede trabajar individualmente, nunca colectivamente. Puede trabajar individualmente con otros, en compañía, de otros, colaborando el o con la colaboración de otros, pero siempre en forma individual con cada uno de ellos y viceversa. "Acciones colectivas" es una contradicción en términos.

En el colectivismo no tiene sentido decir ni pensar en frases tales como "yo soy dueño de mis actos", en un sistema colectivista nadie es -en rigor- dueño de sus actos, porque la palabra "dueño" presupone y es sinónima de propiedad, y la esencia del colectivismo es la anti propiedad. Y sin propiedad no hay libertad, porque no puede haber libertad donde no se es libre de ser dueño de algo, ni siquiera de su propio pensamiento.

La libertad implica el derecho a poseer y disponer de lo poseído. En esto se basa el capitalismo. Si no hay libertad de poseer y disponer de lo poseído no puede haber democracia, porque la democracia implica de por sí esa libertad. Entonces, la izquierda jamás puede ser "democrática", ya que no existe en la izquierda la libertad de poseer y disponer de lo propio porque la propiedad privada no es más que eso y la izquierda desconfía, aborrece, critica y combate la propiedad privada. De modo tal, carece de sentido tratar de "justificar" una izquierda "democrática". Es casi una burla a la inteligencia intentar hacerlo. Las izquierdas nunca pueden ser democráticas, porque para serlo –primero- tendrían que aceptar la propiedad privada en forma absoluta, incondicionada y sin restricciones.

No es congruente, de modo alguno, sustentar por un lado que se es "dueño" de sus "propios" actos y -por el otro- negar esa misma propiedad para -por ejemplo- poseer bienes, dinero o fortunas en una determinada cantidad; tal como la libertad por ser parte de ella, la propiedad tampoco es divisible, se es libre o no se lo es, exactamente en la misma medida en que se es propietario o no, y esto no se circunscribe al ámbito material, sino que abarca el conjunto de la existencia, sea esta material o sea espiritual.

Si no soy dueño de mis actos (si no soy propietario de ellos) mi voto no me pertenece, no soy responsable por el mismo, porque no

La meta de la sociedad superior

sería "mío", ergo, es absurdo hablar de "democracia" en un sistema donde no hay propiedad privada, tal y como en todas las variantes de colectivismo que examinamos en este libro.

Ser libre implica ser dueño o llegar a serlo, y esto abarca la totalidad de los actos humanos, sea que se los llame "políticos, económicos, sociales, etc." Carece de sentido dividir la libertad en "áreas" o "partes" porque la libertad del hombre es integral, no es divisible, porque no se puede dividir al hombre, el hombre, el ser humano, es un todo indivisible, no hay "partes" del hombre que funcionen separada e individualmente de él, por lo que tampoco hay partes de su libertad ni de su propiedad que pueden hacerlo del mismo modo. O es completamente libre -y por ende dueño-, o no lo es en absoluto.

Cuando los tiranos -que tanto abundaron y rebosan hoy en día en el mundo- han pretendido dividir la libertad el hombre, cuando quisieron hablar de diferentes "libertades", lo único que lograron fue terminar con la libertad en forma completa, apagándola poco a poco en los casos de la socialdemocracia que hemos visto, y de un plumazo en los sistemas del comunismo-nazi-fascista. Y sin libertad no es posible concebir ninguna clase de democracia.

La libertad es como una correa de transmisión: sólo funciona si esta entera. Si esa correa se corta en alguna parte ninguna de las partes restante sirve ya para trabajar. La libertad funciona de la misma manera.

La democracia es votar y votar es elegir, y para elegir hemos de ser dueños de nuestras elecciones, es decir, debemos ser poseedores de nuestras decisiones, sus propietarios. Pero he aquí, que la esencia del colectivismo es la negación de la propiedad privada y ¿hay algo más privado que la decisión que toma una persona al emitir su voto? Con lo que queda demostrado que hablar de socialismo "democrático", "socialdemocracia", "democracia social" o expresiones equivalentes, no son más que pasmosas contradicciones en términos. Hemos confirmado así, que no es posible que exista democracia donde -a la vez- hay socialismo, sea este político, cultural, económico, etc.

La libertad "política" no significa nada en sí misma sin la libertad económica. Ser libre implica serlo en su totalidad, tanto política como económicamente. Quien sólo puede votar, pero no disponer en forma libre de sus ingresos, es un esclavo, no es libre. No es libre un pueblo que sólo puede votar a sus verdugos, a sus futuros opresores o depredadores. Allí no se elige nada, sólo se cumplen órdenes por las consecuencias adversas que traería su desconocimiento.

Lo relevante es que, al ir perdiendo las libertades económicas, vamos perdiendo las políticas. Una pérdida es la causa de la otra, una conduce a la otra. Ya que el mismo poder que me limita económicamente no permitirá que yo, a su vez, lo limite a él políticamente, porque si ese poder lo permitiera, perdería su oportunidad de seguirme limitando económicamente. Esta es la lógica del poder político de las izquierdas. De allí que ninguna izquierda fuera antes, sea ahora o sea en el futuro "democrática". Es un oxímoron.

Contrasentidos y profecías

En el debate político de "izquierda" y "derecha" hay mucha confusión. Trataremos de echar un poco de luz sobre tal desorden. Para aquellos que deseen hablar de "izquierdas" y "derechas" convendría que se den cuenta que la izquierda es fascista, o lo que es igual, el fascismo es típicamente de izquierda. Corrientemente, se ubica al fascismo en la derecha. Esto lo hacen los socialistas, marxistas, comunistas, socialdemócratas, progresistas, anarquistas, ecologistas, autodenominados movimientos populares o populistas, etc. sólo para separarse del fascismo y nazismo. Pero el punto en cuestión es que tanto fascismo como nazismo comparten el 99% de los postulados socialistas, marxistas, comunistas, socialdemócratas, progresistas, anarquistas, ecologistas, autodenominados movimientos populares o populistas, etc.

Esto es muy sencillo de demostrar. Veamos sólo algunas de las más evidentes similitudes.

Primeramente, todos ellos son colectivismos.

La meta de la sociedad superior

El fascismo es simplemente una variante menor del socialismo. Los fascistas comparten con el socialismo todos sus postulados, sean filosóficos, sociales, políticos y económicos, difiriendo en detalles nimios e insignificantes.

Económicamente hablando, el fascismo cree en la lucha de clases marxista, aborrece la propiedad privada de los medios de producción, combate al capitalismo, se declara enemigo acérrimo del individualismo y cree en la teoría laboral del valor, pilares estos de toda doctrina socialista. Esto pone a fascistas y marxistas del mismo lado de la vereda política junto a socialistas, marxistas de diferentes versiones, comunistas, socialdemócratas, progresistas, anarquistas, ecologistas, autodenominados movimientos populares o populistas, etc. que con mayores o menor variantes creen también en tales postulados.

Sus discusiones y "enfrentamientos" son menores y puramente cosméticos. Los fascistas -en el escenario de lucha de clases- creen que las corporaciones -que forman, según dicha concepción fascista, el Estado- deben detentar la propiedad de los medios productivos, pero, eso sí, por medio del Estado. Es decir, deben ser colectivos y no particulares los dueños del capital según los fascistas. Esto ensambla perfectamente con lo que los marxistas han sostenido siempre, sólo que, en lugar de las corporaciones, los socialistas ubican a los "proletarios" (hoy llamados "marginados, pobres, trabajadores, obreros, desamparados, necesitados, carenciados vulnerables", etc.) como dueños del capital y del Estado. Ambos son estatistas. Ambos totalitarios.

Tales doctrinas comparten las mismas contradicciones. Por un lado, dicen aborrecer al capital, pero por el otro no reniegan de él a la hora de admitir que el capital es un bien y que sólo es un "mal" en manos de personas que a ellos no les agradan y que por consiguiente rotulan despectivamente de "capitalistas". Según sus doctrinas, llaman a esas personas *burgueses, terratenientes, explotadores, propietarios,* etc. tanto en la variante socialista como en la variante fascista. Como se ve, los postulados básicos son idénticos. Las doctrinas económicas, políticas y filosóficas iguales también, sólo discuten entre sí, cuál de ellos será el titular del capital expropiado a los burgueses. En todo esto fascismo e "izquierda" no difieren en absoluto. No hay ninguna razón para excluir al fascismo de la izquierda.

El fascismo comparte con la "izquierda" (que desea distanciarse de él) que "el capital" debe ser despojado en forma violenta a los burgueses. Esta otra coincidencia es fundamental. La violencia es un método en el que derivan tanto las formas moderadas como extremas de izquierda (lo que incluye al fascismo como hemos demostrado). En la forma "moderada" el impuesto es el medio (no el único) de despojo al "malvado" capitalista, pero esto tampoco es nuevo, porque dentro de los diez puntos del Manifiesto Comunista de Marx y Engels de 1848 uno de los puntos más relevantes de esos 10 es precisamente la implantación de un fuerte impuesto progresivo a la renta. Marx insistía con mucho énfasis en esto. Medida esta que dócilmente ha sido adoptada por las mal llamadas "democracias" de hoy día, que no dejan de ser demagogias baratas del marxismo, con muy pocas excepciones.

El maquillaje consiste en disimular la expropiación del capital y en lugar de hacerla por el 100% del mismo (lo que equivale a las tristemente célebres nacionalizaciones y estatizaciones) dosificarla y expropiar al capitalista en cuotas fiscales que reciben en nombre "inocente" (y hasta honrado) de impuesto. Los más sinvergüenzas tienen la desfachatez de llamarlo "contribución" y a quien lo paga forzosamente, "contribuyente", *como si fuera voluntario*, desconociendo su carácter compulsivo, ya que casi todas las legislaciones penales castigan la evasión fiscal. Esto prueba una vez más, que el fascismo es de izquierdas o que la izquierda es fascista, lo que es siempre la misma cosa. En suma, si la izquierda es socialista, indudablemente el fascismo también lo es. Sólo basta analizar lo que uno y otra defienden. Salvo etiquetas, sostienen lo mismo.

Es muy difícil, por no decir prácticamente imposible, encontrar personas más pedantes, presuntuosas y arrogantes que los autodenominados "izquierdistas". Para peor, es frecuente que combinen estas características con un pésimo trato, malos modales y una descortesía sin igual. Algunos pocos son cumplidos y educados, pero, he de destacar son una minoría, por desgracia. En mi trato diario con colectivistas, he venido observando estas tipologías. Y conste que siempre he tratado de buscar el lado bueno de este tipo de personas. Debo confesar, entristecido, que es muy difícil hallarlo.

Hace tiempo que vengo pensando que la ideología que abraza una persona tiene muchísimo que ver con su personalidad, es decir con sus características personales. Por lo tanto, no es casual, a mi modo de ver, que la petulancia, la vanidad y la soberbia que conlleva la ideología izquierdista se vea reflejada en sus adeptos, sean seguidores o jefes. Lo que me confirma que, muchas veces no es la persona la que abraza una ideología sino la ideología la que abraza a la persona que mejor le calza.

¿Que entiendo por izquierda? Cuando hablo de izquierda me refiero a socialistas, marxistas, comunistas, socialdemócratas, progresistas, autodenominados movimientos populares o populistas, anarquistas, ecologistas, etc. No importa demasiado como ellos prefieran rotularse. He encontrado que casi todas las personas que he conocido y que de una u otra manera se han catalogado a sí mismas bajo alguna de estas etiquetas, responden a patrones comunes tales como la arrogancia, la petulancia, la insolencia y la necedad, combinados como he dicho, con descortesía en el trato, desconsideración y malos modales.

Además, cabe aclarar que, las mismas personas que se imponen a sí mismas algunas de estas etiquetas, confirman que, a tales rótulos, la etiqueta en análisis (izquierda), engloba a las demás. De modo que, no es que yo los caracterice de "izquierdistas" sino que son ellas las que se etiquetan a si mismas de esa manera.

Considero que tampoco es casual que las personas que crecen y se educan en regímenes donde predomina la educación estatal, en la que de ordinario se promueven ideas socialistas, adopten estas desagradables y antisociales características, para luego trasladarlas al plano ideológico.

Gabriel Boragina

Corroborando algo que ya había observado Friedrich A. von Hayek en su genial libro *La fatal arrogancia*[23], he constatado que a medida que crece la intelectualidad del colectivista en la misma proporción aumenta su arrogancia, su prepotencia y su pedantería. Entiendo que a esto se refería Hayek cuando afirmaba que no hay nada más peligroso para la humanidad que un socialista "inteligente". Decía Hayek que en la medida que aumentaba la "inteligencia" de un socialista, su tendencia hacia ingeniería social también iba en aumento en la misma proporción o más que proporcionalmente. Sin duda, podría discutirse ampliamente que alcance puede dársele a la palabra "inteligencia". Yo prefiero usar la anterior *intelectualidad*.

Como decía, en mi trato diario con izquierdistas he ido y voy comprobando la tesis del genial maestro austriaco, lo que constituye, por cierto, otro de sus grandes aciertos.

Los más petulantes entre los colectivistas son aquellos que tienen algún grado académico. En menor medida, los que han leído algunos libros. Finalmente, los menos vanidosos y engreídos son aquellos izquierdistas que no poseen una educación formal o bien la poseen en bajo grado. Estos últimos son más abiertos y más propensos para el diálogo. Muestran un mayor grado de apertura mental y además mejores modales y mayor urbanidad. Por el contrario, y como queda dicho, a medida que aumentan las lecturas del colectivista, su arrogancia y prepotencia lo hacen en mismo o mayor grado. Es sumamente importante aclarar que las lecturas del izquierdista son todas, desde luego, de autores de izquierda o afines. El colectivista que haya leído libros que no sean de izquierda es, sin dudar, una *rara avis*. Quien esto escribe hasta el presente no ha encontrado a ninguno.

Yo creo que la doctrina en que se forman estas personas, tiene mucho que ver con tales tendencias que se verifican en 8 o 9 de cada 10 casos de los que me han tocado. También creo que hay una suerte de retroalimentación o *feedback* entre las doctrinas de izquierdas y este tipo particular de personalidad, que buscan contactarse y unirse como un imán. Según mi experiencia, los estudiantes universitarios

---

[23] Unión Editorial, Madrid, 1990.

con tendencia de izquierda de los primeros grados de la universidad son mucho más abiertos intelectualmente que los ya graduados. Y ni que decir de ahí en adelante. Habría motivos para creer que un graduado y –además- laureado universitario de izquierda está en camino a ser un caso irreversible. Más aún, si ya tiene alguna notoriedad o es autor de uno o dos libros. Esto podría llevar a pensar que un premio Nóbel de izquierda es ya un caso perdido.

Si bien yo casi no creo en casos irreversibles, si en cambio, estoy en tránsito a creer que es cierta la observación de Hayek mencionada más arriba.

La mayor parte de los profesores universitarios de izquierda apenas oyeron hablar de la Escuela Austriaca de Economía. Pero, aun así, no tendrán ningún empacho en opinar "a cuerpo suelto" sobre ella. Nunca leyeron a sus autores, no obstante, se los escuchará criticarlos con gesto adusto y pose de seriedad. Esto es algo repetitivo para mí en mi experiencia diaria universitaria.

El socialista del que venimos tratando, se cree normalmente "docto" en todas las áreas del saber que existen. Y se lo escuchará "dictar cátedra" sobre todo el conocimiento efectivo, y todo ello sin el menor rubor. La humildad y el respeto son palabras que no conoce, le resultan incomprensibles sus significados. Se sorprenderá genuinamente que no se le consulte para cualquier clase de cuestión, sea o no de su especialidad.

Un colectivista casi nunca dirá "no se" sobre cualquier tema sobre el que se esté hablando. Su petulancia es como un impulso que lo obliga a opinar de todo y con todos, sin modestia, sin sonrojo, sin recato y normalmente con un tono rayano entre la agresividad y el insulto. Un izquierdista está convencido que frente a su "sabiduría" todos los demás son ignorantes sin remedio.

Cuando se les contradice, reaccionan con desagrado y pronto llegan a la violencia, verbal primero, y si se les sigue contradiciendo, física más tarde. Un colectivista suficientemente exaltado (lo que no es nada difícil de lograr) llega a la violencia física con extrema facilidad, previo paso por los consabidos insultos, finos al comienzo y de mayor calibre en lo sucesivo. Tengo suficiente experiencia en este tipo de reacciones, sean en ámbitos educativos, universitarios, académicos como políticos, e incluso, domésticos, donde también se cumple la regla. La secuencia -en círculos o ámbitos de izquierda- es siempre la señalada.

A los más "amables", la "amabilidad" les dura poco. Basta no estar de acuerdo con ellos en dos o tres conversaciones y pronto se los verá sin su máscara de "buenos modales". No hay que darle mucho tiempo a un izquierdista para que pierda la sonrisa (por lo general, impuesta).

No admiten que se les contradiga. Si se les dice que no se está de acuerdo con ellos, nos acusarán de "dogmáticos" o "teóricos". Para ellos ser "dogmático" o "teórico" no es ninguna otra cosa que opinar de manera diferente a la de ellos. Para un colectivista ser "dogmático" o "teórico" es simplemente, disentir lisa y llanamente con él.

Hay muchas maneras de reconocer a un izquierdista, pero la más corriente es prestar atención a sus actitudes. No dialogan, monologan, es decir, hablan solos (por más que haya alguien más presente). Jamás escuchan al otro. Sólo lo aparentan. Su tono siempre es el de discurso de barricada, es decir, excluyen *a priori* cualquier argumentación, y se centran en la declamación. Observe atentamente el lector este rasgo la próxima vez que se tope con un colectivista ya que es muy típico.

Otra constante del izquierdista es la permanente desviación de la conversación desde los argumentos hacia la persona del interlocutor. Es típico del colectivista que cuando se queda sin argumentación frente a un oponente (o se ve desarmado por el), desvía la conversación y cambia de tema. Abandona el tema de discusión y lo cambia, poniendo como nuevo tema de controversia la idiosincrasia (u otros aspectos) de la persona con la que discute. Para esto, los izquierdistas siempre tienen las palabras "apropiadas" para atacar al disidente. Los calificativos preferidos de un colectivista que demuestran que ha sido vencido en la contienda verbal, son tachar al otro de "dogmático", "prejuicioso", "ignorante", "clasista", "teórico", "fascista", etc. Es

La meta de la sociedad superior

decir, atribuirle al prójimo sus propias características, en lo que no es otra cosa más que una proyección psicológica de sus propias carencias, defectos y limitaciones como ser humano. Preste atención el lector al uso de esa fraseología la próxima vez que se encuentre en un debate con un colectivista. Es un arma infalible para reconocer a un izquierdista. Al descargarla en su opositor, el colectivista hace una suerte de extrapolación, con la cual logra una especie de liberación psíquica. Como una catarsis, por la cual el colectivista expulsa su propio veneno interior. No es ninguna otra cosa que el antiguo y sucio truco de responsabilizar a todos los demás menos a uno mismo de sus propias limitaciones. Es otra forma de decir que ellos son "inocentes" y los demás los únicos culpables.

Y mientras se declaran marxistas ninguno de ellos es capaz de citar un sólo párrafo de los escritos de Marx, que ni falta que les hacen. ¡Ellos y su maestro Marx "lo saben todo"!

Gabriel Boragina

Capítulo 2 Un pensamiento diferente

Lo supiera o no, el maestro de los actuales anticapitalistas del mundo estaba en el error. A veces me han dicho que no, que sólo "pensaba diferente". Pero tengo la íntima sospecha que Marx se propuso engañar a la humanidad con el objeto de destruirla. Y estuvo a punto. Sus más fieles discípulos tales como Hitler, Mussolini y Stalin, se ocuparon mejor que nadie de llevar a la práctica sus doctrinas.

Por otra parte, eso del "pensar diferente" (muletilla constante de los marxistas) no se sostiene. Si nos remontamos a la antigüedad, en la época en que había gente que creía que la Tierra era plana mientras otros sostenían que no, que era redonda, también los dos pensaban diferente, pero ello no quería decir que los dos bandos tuvieran razón. Así que eso del "pensar diferente" no es argumento alguno.

No voy aquí a volver a explicar de qué manera fascismo y nazismo se derivan y se desprenden del marxismo socialista. Otros lo han hecho con extensión y maestría, tal como el profesor Ludwig von Mises. Los colectivistas han trabajado mucho por desfigurar la historia y tuvieron bastante éxito en ese cometido. Pocos saben hoy que Hitler y Stalin se "admiraban" mutuamente, que fueron aliados durante muchos años, antes y después de la firma del pacto de Varsovia y el pacto de no-agresión Ribbentrop-Molotov que sellaba la paz y la amistad "definitiva" entre Hitler y Stalin. Alemania y la URSS colaboraron política, diplomática y económicamente hasta la sorpresiva traición de Hitler, inesperada, hasta cierto punto, por los rusos.

La historia anticapitalista silencia, ya no cuenta hoy del interés y los esfuerzos de Stalin por ingresar con la URSS junto con las potencias del Eje. Todo se ha pasado al olvido cuando no directamente se lo ignora; como parte del plan del izquierdo–marxismo de borrar la historia y mediante la manipulación y la tergiversación de la prensa y la educación, volver a tomar las riendas del mundo para someterlo, tal y como siempre fue el sueño de su padre intelectual, Karl Marx.

Entre sus muchos papeles, Marx fue un activista político. Este es el rol menos difundido de Marx. También adrede. No dudaba en recomendar la revolución, el asesinato y el exterminio del disidente. Fue fundamentalmente un agitador, un activista político. Llamó a la violencia explicita desde las páginas del *Manifiesto Comunista* de 1848 junto a su compañero de andanzas y mecenas, Friedrich Engels. No tuvo hechos de sangre –en lo personal- conocidos, pero estamos autorizados a pensar que, dada la carga de odio que trasuntan sus escritos, debe haber soñado con exterminar en forma personal y con deleite a sus disidentes.

Por lo pronto, en su pose de intelectual, se dedicaba exactamente a lo mismo a que se consagran hoy sus millones de discípulos repartidos en el mundo, es decir, a burlarse de sus oponentes, ignorar los argumentos de sus adversarios y despacharlos cubriéndolos de insultos; que siempre incluían la acusación de *burgués, cerdo maloliente capitalista, vampiro chupa-sangre* y otras expresiones "finas" y "social-científicas" por el estilo. No resulta curioso que este sujeto haya pasado a la historia como un "intelectual" cuando se aprende que la historia postmarxista fue escrita por filo-marxistas.

Hoy, los "modernos" anticapitalistas, siguiendo el ejemplo del antiguo maestro, acusan de "fascistas" a todos aquellos que no piensan como ellos. O son ingenuos e ignorantes, o bien tratan de engañarnos como a niños. Ya que el fascismo es socialismo desde cualquier punto de vista que se lo analice. El fascismo es socialismo a la italiana, donde el estado resuelve la "lucha de clases" primero organizándolas en corporaciones dirigidas por el gobierno, y luego, absorbiendo a todas las corporaciones ("clases") dentro de un "estado" rector (Corporación Mayor en la versión fascista), que, en teoría (fascista), es manejado por el conjunto de corporaciones, y en la práctica lo es por un autócrata despiadado y tiránico. Y así, como el fascismo fue socialismo a la italiana, el nazismo fue socialismo a la alemana. Busque el lector las diferencias con lo que fue la praxis de la URSS y no encontrará ninguna, excepto en cuestiones cosméticas y personales (sus líderes no fueron los mismos).

Como decíamos, en el terreno del debate y la confrontación de ideas, la estrategia izquierdista es tan simple como burda, oponer el insulto al argumento, la burla al razonamiento; y si se insiste en no estar de acuerdo con ellos no tardaran en urdir el exterminio del disidente. La diferencia ente un socialdemócrata progresista y un socialista extremo, es que -en la discusión- este último pierde el cabeza más rápido que el primero.

Así -con extrema violencia- se construyó la URSS, la China de Mao y la Cuba de Fidel Castro, como también Camboya, Vietnam y otros lugares más, menos conocidos por la gran masa del pueblo. Con apenas un grado menos de violencia hicieron lo mismo Hugo Chávez y Nicolas Maduro en Venezuela. Y lo sigue intentado la secta Kirchner en Argentina.

En lo económico, Marx fue refutado por muchas escuelas económicas, siendo la de mayor peso, la Escuela Austriaca de Economía que fue fundada –como ya es sabido por nuestros lectores- en Viena, Austria en el año 1871 por Carl Menger. Posteriores autores de esta escuela, como Eugen von Böhm Bawerk, Ludwig von Mises y Friedrich A. von Hayek, continuaron con la crítica lapidaria y la impugnación punto por punto y coma por coma de todas y cada una de las "formulaciones" marxistas. No obstante, los anticapitalistas lograron silenciar y borrar de los libros de la historia económica a estos economistas, verdaderamente revolucionarios en las ideas, que demostraron de una vez y para siempre los errores marxistas, la principal secta del colectivismo.

Así las cosas, hoy Marx es poco nombrado. Mejor dicho, no tanto como en la época en que existía la URSS. En medios periodísticos y políticos es invocado con poca frecuencia. Sin embargo; su pensamiento se mantiene intacto en falacias tales como que existiría "explotación" de los obreros y empleados por parte de los capitalistas, cuando ya Böhm Bawerk -antes mencionado- demostrara allá por los años 1870, que el trabajo no produce valor, sino que el valor produce trabajo y nunca pudo ser desmentido por ningún marxista contemporáneo o posterior.

Por desgracia, la nefasta doctrina de Marx continúa enseñándose como la única "verdad" y con entusiasmo en las universidades, siguiendo los dictados de Gramsci, que fue el gran artífice de la infiltración ideológica colectivista en las mentes estudiantiles. Conforme a este ideólogo marxista italiano la revolución no comienza conquistándose por las armas sino por las mentes, y cuanto menos "contaminadas" por el pensamiento burgués tanto mejor. De allí que, reputa vital el trabajo en las aulas para sembrar las semillas de la revolución.

La infección cultural marxista se incuba hoy como ayer en los centros de estudios. Antes eran las universidades, luego fue la enseñanza media. Hoy el germen izquierdo–marxista ha llegado a los primeros escalones de la educación, y ya a los niños se les instruyen esas sectarias ideas de odio y resentimiento bajo la aparentemente "inocente" etiqueta de la enseñanza "popular".

Los anticapitalistas siempre fueron iguales en esto. Aprendieron de Gramsci que lo más eficaz es lavar el cerebro de los pequeños, y desde entonces llaman "educación" a lo que no es más que puro adoctrinamiento. Las sectas colectivistas más populares tales como la socialdemocracia han abrazo con entusiasmo el ideario gramsciano.

Desde Marx, el socialismo y sus partidarios, han despotricado contra las fuerzas materiales de producción, contra el capital y los capitalistas incoherentemente, porque conforme a sus propias tesis, esos

La meta de la sociedad superior

"males" son para ellos inevitables. Sin embargo, paradójicamente, siempre han hecho uso -y abuso- de los productos de esas fuerzas de materiales de producción y de ese capital que tanto combaten. Nunca dudaron en comportarse y vivir como *capitalistas*, a la vez que rechazaban indignados ser adjetivados de dicho modo.

Marx (que jamás en su vida trabajó), se casó con una mujer de noble y adinerada familia, y vivió (Marx) toda su vida "a costillas" de Engels, "socialista" éste que era un millonario acaudalado quien – además- no tenía empacho alguno en explotar a sus trabajadores en forma despiadada, mientras patrocinaba a Marx, junto a quien proclamaba a coro, la "guerra" a la explotación.

Pareciera ser que los dineros que permitían a Marx y Engels predicar contra el capitalismo no provenían de "plus valía" alguna (punto éste último que la teoría marxista "omitió" explicar). Los marxistas (izquierdistas o colectivistas o como les agrade llamarse a sí mismos) dan por sentado desde entonces, que cualquier capital –QUE NO SEA EL DE ELLOS PROPIO- es fruto de "plus valía" laboral.

La Escuela Austriaca de Economía hizo trizas la teoría marxista ya en 1871. Demostró científicamente que –si los mercados son absolutamente libres- no existe plus valía laboral, ni explotación, ni "sobre trabajo" ni ninguno de los dogmas sagrados del marxismo. Carl Menger, Eugen Böhm von Bawerk, Ludwig Von Mises, Friedrich A. Von Hayek, Murray Rothbard, Israel Kirzner y muchos más miembros de dicha escuela, despedazaron -punto por punto y coma por coma- todos los postulados marxistas, colectivistas y socializantes. No obstante, ello, los colectivistas se las ingeniaron para acallar a los detractores austriacos y seguir mintiendo a las masas.

Se sospecha que Marx conoció los trabajos de los economistas austriacos y sus fenomenales descubrimientos, tales como la teoría de la utilidad marginal, que demolía la teoría laboral del valor y sus correlativas subteorías de "explotación" y "plus valía". Sin embargo, de ser eso verdad, Marx jamás intentó –siquiera- refutar los descubrimientos marginalistas.

Se ha dicho también que Marx -indignado por haber sido descubierto en su mentira o en su error-, se llamó a silencio, ya que no podía rebatir ningún punto de los hallazgos austriacos.

Esto último tiene dos aspectos. Por el primero, hablaría bien de la inteligencia de Marx; ya que, si la hipótesis es correcta, demuestra que comprendió perfectamente los aciertos de la Escuela Austriaca de Economía, a la vez que habla muy mal de su "honestidad intelectual" ya que no tuvo el coraje de admitir públicamente sus errores y reconocer la validez de los postulados austriacos, es decir, que su "teoría socialista" había sido definitivamente refutada.

Partiendo de la base de que Marx era inteligente, -y de haber conocido efectivamente la formulación austriaco marginalista- es razonable entender que no haya podido contradecir a los austriacos. No podía dar ningún ejemplo de la validez de su teoría socialista. Su propia vida "laboral" (que no existía) no era ejemplo alguno de ella y la de Engels era una completa refutación en sí misma a la teoría laboral del valor, la explotación obrera, la teoría de la "plus-valía" y todas sus secuelas. En este sentido, cabría presumir que Marx "aprendió" de los autores de la escuela austriaca de economía. Es sumamente significativo que; una vez advertido de los descubrimientos de los austriacos que contradecían absoluta y rotundamente su teoría de la plusvalía, y teniendo en cuenta que, a la fecha de dichos descubrimientos marginalistas, Marx ya tenía prácticamente terminado el tercer tomo de su obra *El Capital,* resulta fuertemente sugestivo que haya omitido su publicación la que; como es sabido por todos; dicho tomo tercero, fue publicado por Engels con posterioridad a la muerte de Marx.

Y la otra posibilidad es que –contrariamente- K. Marx no hubiera conocido los trabajos de la escuela de C. Menger que dieron por tierra con los suyos propios. Si esto último fuera lo cierto, cabría exculpar a Marx y culpabilizar a F. Engels y a los marxistas posteriores a K. Marx.

Frente a estas se alzan otras especulaciones, como son las que se leen en *La sociedad abierta y sus enemigos*, de K. R. Popper.

La meta de la sociedad superior

K. R. Popper presenta a K. Marx de una manera bastante curiosa. Lo supone como un hombre "humanitario" pero equivocado por el mero hecho de haber abrazado el historicismo. Desde mi punto de vista resulta indudable que K. Marx estuvo y sigue estando equivocado, y comparto con K. R. Popper que el historicismo –al cual K. Marx adhirió- es una enorme falacia, sin embargo, he de agregar que, no sólo en su historicismo K. Marx erraba, sino que, toda su "doctrina" económica, -en el mejor de los casos- fue uno de los errores económicos más increíbles, y en el peor, un completo embuste, pergeñado para embaucar a ingenuos.

Ahora bien, respecto del pretendido "humanismo" que K. R. Popper le atribuye a K. Marx, yo abrigo mis serias dudas de que existiera tal "humanismo", la lectura de textos tales como el *Manifiesto comunista,* no me sugiere desde sus páginas, ninguna clase de "humanismo", allí sólo veo que se rezuma violencia, odio y envidia. Y si bien *El Capital* tiene un "aspecto" menos virulento, creo que una actitud coherente es tender un manto de sospecha sobre el "humanismo" de Marx, estado de recelo que –en mi caso- tiene una fuerte dosis de verosimilitud en contra de la supuesta "inocencia" de K. Marx.

En tal sentido, opino que las reflexiones de K. R. Popper sobre el "humanismo" de K. Marx son -cuando menos- apresuradas. Quizás pueda tener que ver en ello que, el propio K. R. Popper, según se ha dicho, fue en su juventud un partidario del marxismo y –posiblemente- al escribir *La sociedad abierta...* hubiera escapado por allí algún resabio de aquella primera época. En rigor, no es posible hoy saberlo a ciencia cierta, de modo tal, que no caben al respecto, más que formular puras especulaciones.

Siendo pues, imposible determinar -a ciencia cierta- si K. Marx fue o no un verdadero "humanista" ,y concurriendo que, el único dato concreto y cierto del que disponemos hoy en día es que, toda su doctrina, tanto filosófica, sociológica, histórica como económica fue en su época -y lo es actualmente- un completo fiasco, el único recurso del que contamos para determinar su mayor o menor "honestidad intelectual", es atenernos a su propia vida, examinando si fue en ella consecuente con su propia prédica en su vivir personal, y si realmente lo fue, en qué grado.

Así, la pregunta que debió –creemos- formularse K. R. Popper, y con él todos los que han hablado y hablan sobre este asunto, debería ser la siguiente: ¿Vivió K. Marx de conformidad a su prédica, es decir, practicó en su vida un genuino humanismo? Y de ser cierto que lo hizo ¿cómo lo hizo, en cuál grado y con cuáles resultados?

La realidad es que, hasta donde sabemos, todas las respuestas a esas dos preguntas son rotundamente negativas. Veamos algunos hechos que así parecen demostrarlo cabalmente.

En primer lugar, destaca el hecho que K. Marx dedica su obra a defender a los obreros (más particularmente, a los obreros industriales por sobre los demás) sin haber sido él mismo jamás en su vida un obrero, es más, sin haber ejercido jamás profesión, oficio, empleo u ocupación alguna. Es decir, surge evidente que no hablaba ni escribía con conocimiento de causa, ya que carecía de experiencia propia en el área que decidió abordar y al cual dedicó la mayor parte de su vida. Este es un primer hecho, ya por sí mismo invalidante como para poder tomar, con algún grado de seriedad, no sólo el rótulo atribuido de "humanista", sino su "obra" por completo.

Concatenado con lo anterior, es bien sabido que K. Marx pudo abstenerse de trabajar y dedicarse a escribir, y a la vez casarse y tener una familia muy numerosa, sin padecer mayores necesidades, merced a que su amigo y admirador, el capitalista (¡oh! ironía) F. Engels, costeó la vida de K. Marx desde que se conocieron hasta el final. Su esposa también era de familia proveniente de la nobleza alemana muy adinerada. No es difícil suponer que sus dineros también aprovecharon a su esposo.

Este aspecto es muy interesante desde el punto de vista del supuesto socialismo "científico" porque lo anterior implicó que K. Marx vivió de los dineros de F. Engels, a su vez, este último era un fabricante industrial que poseía obreros a su servicio, lo que -a su turno- involucraba que obtenía de sus obreros plusvalía, parte de la cual, iba a los bolsillos del propio F. Engels –tal como reza el socialismo "científico" que debería suceder en casos semejantes- y otra parte de dicha plusvalía iba a parar a los bolsillos ¡del propio K. Marx!, a la vez que ambos -K. Marx y F. Engels- dedicaron la mayor parte de su vida a "combatir" la famosa plusvalía. Tal fenomenal contradicción, es algo que "curiosamente escapa" a la mayoría de los marxistas y -más todavía- a la mayoría más amplia de quienes -no considerándose marxistas-, creen que el marxismo y su socialismo "científico" tuvieron algo de "humanista".

En resumidas cuentas, Marx y F. Engels debieron su existencia, subsistencia y prosperidad material, a la plusvalía que este último obtenía de sus obreros, y los libros de ambos también nacieron de aquella plusvalía, es decir, fueron frutos de la más pura y rancia explotación obrera. O, en otras palabras, el socialismo "científico" en su faz práctica es el producto de la más pura y genuina explotación.

Ahora bien y dejando -por un momento- la anterior conclusión de lado, ¿puede considerarse un aporte "humanista" que K. Marx haya escrito profusamente aconsejando, exhortando y alentando a los obreros a expropiar a sus empleadores, y de ser necesario en caso de resistencia, exterminarlos? Personalmente me niego a considerar "humanista" a un sujeto que, por mucha que sea su fama intelectual, haya escrito una sola línea animando tales conductas violentas. Y K. Marx lo hizo –llamó a la violencia obrera- en mucho más que una sola línea, lo hizo en varios volúmenes. Más tarde, en su nombre, nacieron los imperios comunistas soviético y chino, y luego -como ya explicamos anteriormente- el nazismo y el fascismo. No veo en esta "evolución" ni en su génesis, "humanismo" de ninguna clase.

Sin entrar por ahora en las profundidades, teorías y el análisis económico-filosófico, desde la óptica del sentido común ¿cómo puede denostarse al capital a la vez que se lo sirve? Marx utilizaba instrumentos capitalistas para su trabajo, sus ideas eran publicadas en libros y periódicos que producía el capitalismo, vestía ropas tejidas por empresas capitalistas, se alimentaba de productos elaborados por compañías capitalistas, vivía, estudiaba y escribía en edificios construidos por firmas constructoras capitalistas. Usaba, papel, plumas y tintas también fabricadas por fábricas capitalistas. Sus libros se imprimen gracias a las imprentas de fabricación capitalista. ¿Quién podía tomar en serio sus denuncias contra el capitalismo a la vez que echaba mano sin cesar a sus productos? Es más, como se sabe, jamás podría haber escrito una sola línea si hubiera tenido que ganarse la vida por sí mismo, ya que –como expresamos arriba- el dinero capitalista del capitalista Engels fue lo que le permitió subsistir, estudiar y escribir. Es evidente –en vista de todo lo dicho hasta aquí- que Marx con sus escritos especulaba con engañar a los incautos e ingenuos. Y esto, como dijimos, posicionándonos en la postura más favorable a Marx respecto de su inteligencia. Si esto no fuera así habría que concluir que no era en absoluto inteligente.

Así como Marx y sus discípulos -los marxistas- debieron (y deben) íntegramente sus vidas al capitalismo que fue el sistema que se las hizo posible, el capitalismo les proporcionó la tinta; el papel, las imprentas, los medios para difundir sus obras, ese mismo capitalismo alimentó a Marx y a sus discípulos marxistas, el capitalismo les permitió vestirse gracias a los productos, texturas, prendas y tejidos, todos ellos creados por el sistema que con tanto ardor combatieron y le siguen batallando. En la actualidad, sus modernos discípulos, de la misma manera, deben sus propias vidas y todo lo que en ellas pudieron cumplir, al capitalismo. Esto los hace natural e intrínsecamente contradictorios, en la medida que insisten en sus irracionales posturas de combatir aquello que en los hechos usufructúan, no hacen más que desprestigiarse a sí mismos y a la incoherente ideología que sustentan frente a los demás.

Recapitulando nuestras preguntas iniciales, determinar si K. Marx y F. Engels fueron conscientes de su capitalismo (o su vivir capitalista, para mejor decir) o no, implicará tanto como la diferencia entre un par de embusteros facinerosos o –sencillamente- dos buenas personas simplemente equivocadas, o directamente ignorantes. Me asaltan serias dudas de lo último, y fundadas sospechas –como ya adelantara- de la verdad de la primera hipótesis. Y he dado los fundamentos de mis recelos, más cuando, -como señala acertadamente L.

La meta de la sociedad superior

V. Mises-, ninguno de los dos, ni Marx ni F. Engels renegaron jamás ni renunciaron menos, a una vida de lujos y de placeres, y nunca mostraron el menor remordimiento -ni en palabras ni en acciones- por pertenecer ambos a la clase burguesa, -precisamente- la clase que decían "aborrecer" y "atacar" en todos sus escritos.

Tanto más pienso en el tema, más me convence la hipótesis de que nos encontramos frente a un par de farsantes, patrañeros y plenamente conscientes de su hipocresía. Me inclino a considerar que no fue ninguna clase de "humanismo" lo que impulsó a K. Marx y F. Engels a estructurar la "teoría" socialista, antes más bien, soy partidario a creer que los auténticos móviles inconfesos que los indujeron a ello, fueron la envidia, el odio y el resentimiento, y el socialismo fue -ninguna otra cosa- que una coartada –muy bien elaborada, eso si- justa para dar rienda suelta a sus sentimientos e intereses inconfesables.

En su hipocresía –conjeturo- hubiera sido muy burdo que expusieran que lo único que justificaría el socialismo serían el odio, la envidia, y el resentimiento hacia el exitoso, era necesario algo más, y ese "algo más" era buscar y encontrar una "causa noble", aunque fuera inventada, y K. Marx y F. Engels encontraron esa "causa noble" para dar rienda suelta a sus vergonzosos designios, en la -por ellos mismos llamada- "clase proletaria".

Pero entonces ¿qué envidaban, odiaban y resentían al fin de cuentas? Presumo que, a otros burgueses como ellos, pero más adinerados, más exitosos y más afortunados que ellos, razón suficiente como para querer desprestigiarlos y -en última instancia- destruirlos. ¿Por qué medio? Por el de la "clase proletaria". Para ello, tenían que conseguir que ese odio se transmitiera al proletariado y los movilizara a expropiar primero a los capitalistas, y luego a colgarlos como quería Lenin.

Volviendo al punto que mencionáramos arriba de la razón por la cual K. Marx no intentó rebatir la teoría marginalista, siendo casi evidente que llegó a conocerla, o muy difícil desconocerla, digamos ahora que otra explicación adicional a la que dimos arriba que podría ser plausible, es la que nos da K. R. Popper, cuando sugiere que K.

Marx se consideraba un profeta –a lo que agregamos nosotros: un profeta "infalible"- con dotes auto asignadas para "leer el futuro". La actitud con la que se le describe a menudo, de soberbia y suficiencia con la que despachaba a sus oponentes, combinada con buena dosis de ironía, son características de muchas personas que se auto atribuyen dotes proféticas, o como diríamos hoy en día, que se consideran mucho "más allá del bien y del mal".

Es muy probable que este haya sido el estilo asumido por K. Marx: siendo -como se creía a sí mismo- un profeta, no merecía "perderse el tiempo" intentando rebatir a quienes sostenían que no ocurriría lo que el Sr. Profeta auguraba "a ciencia cierta" que iba, de un modo u otro, suceder. Y por ello pensara que, ni siquiera valía la pena molestarse en responder. Es muy probable –repetimos- que la postura de K. Marx frente a sus detractores haya sido la aquí indicada.

A los fines prácticos, sea una o sea la otra la razón de su silencio opuesto a sus críticos, lo cierto es, que la profecía marxista nunca se cumplió y su "teoría" de la "plusvalía" quedó hecha trizas frente a los hechos de la realidad práctica, incluso –como también se encarga de demostrarlo K. R Popper- en vida de K. Marx y F. Engels.

Esta es una de las razones fundamentales -sino tal vez la más importante- por la cual; el socialismo solamente puede imponerse a través de la vía violenta, la guerra, la revolución, el golpe, la fuerza, es decir, hablando lisa y llanamente y con todas las letras, el crimen, cosa que los socialistas -desde Marx hasta el presente- han hecho, aplastando pueblos, naciones, familias, individuos, anhelos y esperanzas, ahogando ilusiones, destruyendo el progreso y regresando vertiginosamente hacia la era cavernaria.

Lejos de elevar el nivel de vida de las masas obreras, el socialismo aplicado a ellas las echó abajo, eliminó sus libertades individuales y frustró todas sus esperanzas. Por ello, los obreros prefirieron el capitalismo, y pasarse a las filas de la "clase burguesa" en lugar de destruirla. Esto fue el nacimiento de la moderna "clase media".

Pero ¿a qué se refería Marx concretamente cuando acusaba a sus detractores de padecer de prejuicios "burgueses" ?, si bien nunca con-

La meta de la sociedad superior

descendió a explicarlo con claridad, todo parece indicar, que Marx sostenía que las gentes estaban "determinadas" a tener "lógicas" distintas de acuerdo a cuáles fueran sus condiciones materiales. Decía pues, algo así como que, si una persona tenía "mucho" dinero, sería de "lógica" burguesa, y si lo tenía "poco", sería de "lógica" proletaria. Lo curioso del caso, es que Marx habló sólo de los "prejuicios burgueses" que "impedían" a las personas aceptar sus teorías socialistas trasnochadas, pero olvidó explicar por qué extraña razón, en su doctrina no figuraban equivalentes *prejuicios proletarios*, curiosa omisión del tan adorado -en nuestros días- Sr. Marx. A esta tesis marxista se le da el nombre de *polilogismo*.

Tampoco reveló Marx, por qué razón, los "prejuicios burgueses" (que no explicó jamás en que consistían) serían "falsos" en cuanto a sus contenidos, y menos aún aclaró ni fundamentó los motivos por los cuales, la "lógica proletaria", era –según sostuvo en sus escritos- la "pura", "limpia" y la única "verdadera". Para una teoría que –como el marxismo- reclamó para sí en forma arrogante, el título de "científica", se tratan de omisiones esenciales e imperdonables.

Claro está que las "omisiones" no han sido causales. El colectivismo no puede dar respuestas a preguntas razonables, simplemente, porque el colectivismo -en sí mismo- es completamente irracional. No puede, por ende, dar unas respuestas que no tiene.

Buscando alguna explicación fuera del marxismo, la única hallable es aquella que dice que, dado el contenido determinista de la ideología marxista tenían que concluir que, burgueses y proletarios estaban *determinados físicamente* a poseer *lógicas distintas* en una suerte de predestinación que se trasmitiría genéticamente. Iba en línea -esta absurda tesis- con la otras más ridículas de la ineluctabilidad del socialismo y su evolución indetenible hacia el comunismo.

Por ello en parte, hay más puntos oscuros en esa "doctrina", en efecto, también "olvidó" Marx decirnos qué ocurría en el caso –nada improbable- del matrimonio de un burgués con una proletaria o, a la inversa, de una burguesa con un proletario, en caso de descendencia ¿cual "lógica" tendría el vástago? ¿Proletaria o burguesa? Acaso

¿tendría mitad de una y mitad de la otra? ¿Sería un cincuenta por ciento burguesa y su otro cincuenta por ciento seria proletario? ¿Habría una "lógica mixta"? ¿Qué "diferencia" encontraba entre esas "clases" de "lógica" con la lógica aristotélica? Pues seguimos sin saberlo, porque ni Marx ni ningún marxista jamás nos lo explicó.

Tampoco expuso Marx que ocurriría en el caso de que un burgués se convirtiera repentinamente en proletario (por ejemplo, al perder toda su fortuna en una quiebra) o bien el caso inverso, ¿cuál sería la lógica de un proletario que hiciera fortuna y se convirtiera en un burgués? ¿Conservaría su "lógica original" o adquiriría una nueva "lógica"? Y en el caso de que la respuesta fuera la última (que reiteramos, nunca la contestó) ¿a través de que oscuros mecanismos físicos, biológicos, psicológicos y químicos se operaría esa extraña "alquimia" por la cual al cambiar de "clase social" se alteraría la lógica de una persona?

Cabía esperar que, si su maestro no se dignó a revelarlo, algunos de sus más conspicuos discípulos lo hicieran. Tiempo realmente, no faltó para ello; si consideramos que el *Manifiesto Comunista* fue escrito en 1848 y ya en él se exponía esta tesis de los "prejuicios burgueses", pero quizás, adoptando el modelo del maestro Marx, que silenciaba a sus oponentes, sencillamente insultándolos y negándose a discutir ningún punto de su doctrina con "prejuiciosos burgueses"; a causa –justamente- de sus "prejuicios", los discípulos prefirieron no ser ellos mismos sospechosos de padecer tales "prejuicios burgueses"; no fuera cosa que terminaran mereciendo el mismo anatema que su maestro Marx colgaba como sambenito del cuello de sus oponentes y corrieran, probablemente, la misma suerte que siguió el infortunado León Trotsky, quien acusado por Stalin de haber sido afectado por el terrible síndrome del "prejuicio burgués", "traicionó" la revolución a causa de dicho "prejuicio"; fue obligado a exiliarse y le mandó a asesinar en México (cosa que finalmente ocurrió) simplemente porque no estaba del todo de acuerdo con el Sr. Stalin.

Lo máximo a lo que se dignó K Marx a dar como "explicación" fue, ninguna otra cosa, que su doctrina era "verdadera" tan sólo

La meta de la sociedad superior

porque así lo indicaba la historia, y consideró -tanto él, como su amigo F. Engels-, que esa afirmación "bastaba" para "dar por tierra" contra cualquier objeción en contrario. Como bien explican K R. Popper, L v. Mises, F v. A. Hayek y muchos otros autores, el único "fundamento" del marxismo fue -y es todavía- el historicismo hegeliano. Y con acierto concluye el primero de ellos (K R. Popper) que detrás del marxismo no hay nada en concreto, excepto sólo una mera colección de profecías.

Desde luego, que la terminación a todo esto no puede ser otra que, la de que jamás existieron ni existen tales supuestos "prejuicios burgueses", se trata de ninguna otra cosa que las acostumbradas calumnias del marxismo para desacreditar a quienes revelan y desenmascaran la falsedad de sus dogmas. Una forma "elegante" de eludir las objeciones y las refutaciones a doctrinas sectarias tales como la marxista.

Ahora bien, más allá de la discusión sobre si tales prejuicios existen o no, lo cierto es que la historia económica ha dado una formidable refutación -por demás contundente- a la doctrina de las "diferentes lógicas" entre burgueses y proletarios. El crecimiento económico debido a la expansión del capitalismo (allí donde la hubo) ha elevado el nivel de vida de las masas a extremos tales que muchos obreros y proletarios han pasado, -sabiéndolo o no- del proletariado a la burguesía, aun en los casos en que -mentalmente- siguieran "pensando" que "pertenecían" a la "clase proletaria".

Generalmente, los proletarios que ven aumentar a sus ingresos no renuncian a tales aumentos que, sea en la medida que fuera, en la práctica, los están haciendo más ricos, es decir, menos proletarios y más burgueses. No conozco casos de proletarios o trabajadores que hubieran rechazado aumentos de salarios con –y por- el temor de "volverse" -por ello- un poco más "burgueses". Acceden a la forma de vivir burguesa sin "conciencia de clase" alguna, otra prueba más que esta no existe, excepto en la imaginación de Marx y discípulos.

Como indican numerosos estudios, y la realidad misma del más puro sentido común, el proletariado como masa, no ha aumentado su número. De ser (hipotéticamente) una "clase", los miembros de dicha "clase" se han reducido en forma tremenda, desde tiempos de Marx hasta hoy, dando paso -como dijimos- a una nueva masiva "clase social", la llamada *clase media*. En otros términos, los "proletarios" (o el proletariado) en los que Marx soñaba, terminaron convirtiéndose -paulatinamente- en burgueses.

Dos factores contribuyeron a lo anterior: 1) La propia dinámica del capitalismo hace que al crecer el capital los salarios reales aumenten en el mismo grado, lo que, quiérase o no por parte de loa asalariados, provoca que su nivel de ingresos crezca, y con ello -desde luego- el de vida también; 2) Como L. v. Mises explicó, toda acción humana tiende a mejorar la situación del sujeto actuante, tratando de pasar de una situación menos favorable a otra más satisfactoria, ergo, empleados y obreros tratan de mejorar de posición económica sin importarles si la supuesta "clase social" a la que "pertenecerían" se los permite o no.

Después de todo, ser "burgués" no era cosa tan mala, caso contrario, en lugar de sumarse a ellos, el proletariado los hubiera exterminado, cosa que –finalmente- jamás ocurrió. El proletariado pasó -capitalismo mediante- a engrosar las filas de la burguesía, formando lo que hoy se conoce como la "clase media". Todo lo cual refutó la célebre profecía marxista de la "revolución" del proletariado, es decir, la revolución existió, pero en un sentido exactamente inverso al profetizado por Marx; la revolución consistió en el aburguesamiento del proletariado, producto ello del efecto expansivo del capitalismo.

De existir en términos marxistas, la "clase media" –cuya espectacular expansión post Marx constituyó un fenómeno imprevisto e impensado en la teoría marxista, y que ni siquiera los marxistas actuales toman tercamente en consideración-, representó y representa hoy una formidable refutación, no sólo al marxismo, sino al socialismo todo, a lo que hoy se llama "izquierda" y que no es otra cosa más que, puro colectivismo.

De profetizar la creciente pauperización del proletariado y el gran enriquecimiento de cada vez menos personas, el capitalismo produjo un creciente enriquecimiento del proletariado y una reducción de la riqueza en manos de pocas personas. Todo, sin la menor intervención de los gobiernos.

Todo parece indicar que no hay tal cosa como *polilogismo* o diferentes "lógicas clasistas"; al contrario, la historia ha demostrado uni-logismo, una sola lógica, que no deja de ganar adeptos a su causa entre las filas proletarias, la *lógica burguesa*. Si por esta última se entiende el espíritu de lucro, queda claro, que no hay persona alguna en la faz de la tierra que pueda escapar al mismo. Mises lo explicó claramente en su Tratado de la *Acción Humana*, cuando nos dijo que, en toda situación imaginable, el hombre busca pasar de un estado de insatisfacción a otro contrario a ese estado anterior. Hablaba, pues, del *lucro*, en cuanto enseña la Real Academia Española que:

lucro.[24]
(Del lat. lucrum).
1. m. Ganancia o provecho que se saca de algo.

Remover el malestar actual, es perseguir ganar un estado mejor o, lo que es lo mismo, obtener provecho en una situación más satisfactoria que la presente, para todo lo cual, acudimos a la acción. Este actuar, es común a todos los hombres, ergo, todos buscamos lucrarnos. Esta, parece ser la única lógica humana, que no reconoce credos, razas, religiones, costumbres, tiempos, lugares, épocas, ni -menos aun- fantasiosas "clases sociales".

Marx, y con él el colectivismo todo, estuvieron y están muy lejos todavía de la superficie de los problemas sociales y de sus explicaciones. Ni que decir la distancia abismal que los separa de sus cimientos más profundos. En esta tarea, la Escuela Austriaca de economía fue la única que dio en el meollo de la cuestión, ante lo cual, la respuesta colectivista fue... el insulto y la denigración, o bien, el desprecio, la indiferencia y el silencio.

---

[24] Real Academia Española © Todos los derechos reservados

El colectivismo "funciona" sobre la base de lemas, frases hechas y lugares comunes. Vaciado de contenido conceptual lógico, movido por presupuestos enteramente irracionales, no les queda a los colectivistas otro medio de manipular a la opinión pública, que a través de expresiones panfletarias, rimbombantes y estruendosas. La metodología de captación es —en su estrategia- impresionar la mente, desactivando la razón.[25]

El maestro de nuestros modernos colectivistas en la utilización de semejantes medios de contaminación mental no fue otro que Carlos Marx[26], que ya fue y será numerosamente nombrado en el curso de este libro.

Sería largo y tedioso recopilar aquí la colección de eslóganes de barricada acuñados desde Marx hasta sus recientes discípulos de hoy en día. Se ha escrito bastante sobre el tema, por lo que no parece necesario abundar sobre todos ellos.

Por el momento, vamos a ocuparnos solamente de uno. El de las "fuerzas materiales de producción".

Marx habló —entre otras muchas cosas- de las "fuerzas materiales de producción" que nunca definió. Al ser refutado por la Escuela Austriaca de Economía[27] y demostrada por esta, la inexistencia de "fuerzas materiales de producción", los modernos discípulos marxistas nos conferencian ahora de las fuerzas "sociales" de producción o relaciones "sociales" de producción.

En todo escrito o discurso marxista —nótese- es esencial la palabra "social" como ya señalamos precedentemente, no obstante, lo cual, no debe perderse de vista, al leer a los colectivistas. Sin esta, es

---

[25] Para ver un excelente análisis de la rebelión contra la razón véase Karl R. Popper, *la sociedad abierta y sus enemigo*s, editorial Plantea Agostini, España.

[26] En efecto, es el más conocido y famosos, pero Marx se basó en Hegel en esta metodología. Pocas cosas le fueron originales a Marx.

[27] Se considera fundada en Viena en el año 1871 por el economista austriaco Carl Menger.

como que el marxismo y el colectivismo, en general, quedan vacíos de contenido[28].

La trampa colectivista consiste en cambiar la palabra **individual** por "social", con lo cual, desfigura la realidad creando una para realidad o realidad paralela[29]. Por lo tanto, interesa dilucidar si la expresión relaciones "sociales" o fuerzas "sociales" de producción se adecuan a la realidad o no.

¿Qué mejor que un caso práctico para tratar este punto? Por ello juzgo de interés reproducir a continuación la conclusión de un antiguo debate que mantuve en un foro público con una economista cubana adicta al régimen imperante en la isla actualmente.

El debate concluyó con este texto (según puedo recordar) porque -conforme es mi costumbre- intenté discutir con ella sobre la base de textos, olvidando que los comunistas jamás leen textos no comunistas. En aquella oportunidad el texto que invitaba a mi ocasional oponente discutir era la obra de Mises "Socialismo" donde el profesor austríaco destruye ladrillo por ladrillo el monumento socialista.

Espero que este texto revitalice el debate. Dije en aquella oportunidad:

"El texto que recomiendo para nuestro debate es ideal. En esta obra (*Socialismo*) Ludwig von Mises, con profética visión, refuta punto por punto y uno por uno no sólo todos los postulados marxistas, sino los postulados socialistas de toda la historia. Ningún economista ha podido rebatir hasta el presente a Ludwig von Mises pese al empeño y la insistencia de los más célebres economistas en hacerlo. Y digo profético porque en esta obra (una de las primeras de las muchas de Ludwig von Mises) el autor describe cómo el socialismo conduciría a una conflagración mundial. La historia confirmó la profecía de Ludwig von Mises ya que en el año 1939 se desencadena, conforme el profesor austriaco había profetizado, la 2º Guerra Mundial. Las relaciones de causa y

---

[28] Vacío de contenido que se advierte sin llegar al análisis de las palabras sino ya desde el examen de lo que pretenden ser sus conceptos.

[29] Es decir, pura fantasía.

efecto entre esa guerra y el socialismo se encuentran brillantemente y científicamente descriptas en las páginas de "Socialismo".

Considero, coincidiendo con Mises, que el comunismo no construye, sino que destruye. De allí que Mises designa al comunismo por sus efectos llamándolo destruccionismo (ver *Socialismo*). Si Cuba aun hoy en día sigue "construyendo" el comunismo después de tantos años y con tan pobres resultados, considero que es mucho mejor que se detenga aquí mismo, que los Castro y sus amigos del gobierno se vuelvan al capitalismo lo más rápido posible. No entiendo como no les ha bastado el ejemplo de lo que casi un siglo de comunismo hizo de la URSS. ¿Por qué insisten? ¿En que insisten?"

El experimento de Lenin en la URSS fue notoriamente nefasto, no sólo para los rusos, sus víctimas directas, sino para el resto del mundo, que todavía hoy sufre las consecuencias del comunismo de Lenin, Stalin y compañía. Como L. von Mises cumplidamente demuestra los grandes movimientos totalitarios que desembocaron en la segunda guerra mundial y demás conflictos bélicos tuvieron su origen en el socialismo. La violencia es inherente al socialismo. L. von Mises ha demostrado la génesis común del fascismo, el nazifascismo y el comunismo soviético. Su común denominador ha sido es y será el anticapitalismo. Ese es el rasgo en común que los distingue y por mucho que disputen entre sí su fin y su meta es la misma: la abolición de la propiedad privada.

En cuanto al comunismo como "sociedad" superior. Yo no creo que exista tal cosa como la "sociedad" así en abstracto. ¿Qué es la "sociedad" sino la suma de los miembros que la componen? ¿Y quién compone a la "sociedad"? Sólo individuos. La sociedad son individuos interactuando con miras a un fin. No veo a la "sociedad" caminando por la calle, sólo veo seres humanos, personas de carne y hueso. La "sociedad" es una entelequia. No hay tal cosa como la "sociedad". No es la sociedad la que actúa son los individuos. Es un error decir que la sociedad opera, se beneficia o se perjudica. Siempre son los individuos los que proceden, se benefician o se perjudican con sus acciones. Pero usamos la palabra "sociedad" para *simplificar* cuando nos queremos referir a grupos de personas (o individuos) más o menos numerosos. En tal sentido la palabra "sociedad" es meramente una comodidad gramatical y no pasa de allí. Entonces, para mí no hay "sociedad" a secas o en abstracto, hay individuos. Los intereses sociales son intereses individuales vistos en conjunto.

A la sazón, lo central de toda economía siempre es el individuo y no la sociedad entendida como algo aparte o por encima de los individuos. La sociedad no es otra cosa que un instrumento de los individuos, un artificio para hacer mejor la vida de los individuos. En el fondo, en la realidad sólo hay individuos. Una sociedad no es más que la palabra que designa a una *pluralidad* de individuos, y no a un individuo en concreto.

De allí que, no existe tal cosa como un "interés social". Lo único que existe son intereses individuales. Pero como estos intereses por ser individuales *difieren entre si* nunca puede haber un "interés social" en abstracto. Sólo se puede usar esta expresión como una metáfora, o una figura poética, pero no científicamente hablando.

La única excepción admisible a lo anterior es cuando cierto individuo se refiere a su concreto *interés social* en algún grupo organizado. Por ejemplo, cuando me asocio a un club deportivo tengo un *interés social* de pertenecer a la institución, simplemente por el hecho de que me interesa interactuar allí con otras personas que compartan mis gustos por los deportes. Pero en la actividad deportiva concreta que desarrollaré allí lo que tengo es un *interés individual*, no "social". Es decir, el "interés social" siempre nace de un previo y necesario interés individual. No puede haber un "interés social" sin otro individual que le anteceda.

Y de lo único que podría hablarse entonces son de diversos "intereses sociales" (en plural, y en el único sentido apuntado en el párrafo anterior) pero nunca de algo así como un interés social apartado y diferente al interés de los concretos individuos. Ello sería una contradicción en términos. De allí que, toda la teoría socialista cae, porque piensa en un "interés social" como *algo existente apartado y superior* a los individuos, cuando a todas luces *es una falacia*. No hay tal cosa como un "interés social" o "voluntad social, general, común" o cosas parecidas a esos (así en singular). No existe tal singularidad. Existe la pluralidad y eso es lo que no se condice con la teoría socialista. Lo que en definitiva la hace inviable.

Que yo sepa, Marx no reducía la aplicación del socialismo a condiciones históricas concretas sino económicas. De allí que, decía que su sistema aparecería primero en los países más desarrollados económicamente y citaba a Inglaterra, Francia y Alemania, lo que *no ocurrió* conforme a su profecía. Su postulado consistía en que el comunismo era algo inevitable que vendría de una forma u otra. Y que no solamente debía aplicarse en todo el mundo, sino que su aplicación devenía inevitable en todo el mundo. El error esencial del socialismo en cualquiera de sus formas reside en lo que Hayek llama la fatal arrogancia, tema sobre el cual ha escrito un formidable libro[30]

En la búsqueda de una definición que sintetice de la mejor manera posible los que el socialismo es, vamos a transcribir la mejor que hemos encontrado de todas si bien, por supuesto, no agota el tema del socialismo, ya que como toda definición es simplemente una síntesis del concepto que trata de definir.

"**SOCIALISMO:** Término general que se da a las doctrinas -y a los sistemas políticos inspirados en ellas- que sostienen la necesidad de eliminar la propiedad privada de los medios de producción para lograr una sociedad sin clases. En la práctica los sistemas socialistas propugnan formas de propiedad estatal sobre el conjunto de la economía y un sistema de planificación central que coordine la actividad de las empresas estatizadas." [31]

---

[30] Friedrich August von HAYEK; *La fatal arrogancia; Los errores del socialismo;* Unión Editorial S.A.; 1990, Madrid.

[31] Voz "Socialismo" en Carlos SABINO; "Diccionario de Economía y Finanzas". Contiene léxico inglés-español y traducción de los términos al inglés. Consultores: Emeterio Gómez; Fernando Salas Falcón; Ramón V. Melinkoff. CEDICE. Editorial Panapo. Caracas. Venezuela. Pág. 225/226.

La meta de la sociedad superior

El eje entonces, del dogma socialista es la eliminación de la propiedad privada. Este es el norte y objetivo de todas las variantes y formas de socialismo, aun de las que renuncian adjudicarse ese nombre, pero atacan de una u otra amanera la propiedad particular. Lo de la eliminación de la propiedad "para lograr una sociedad sin clases" tiene que ver con la falacia de creer que había una "clase propietaria" ("burguesía") y otra "clase des propietaria o no propietaria" de los medios de producción. Pero se pasa por alto que el trabajo es otro medio de producción, cuya propiedad corresponde al trabajador, entonces es falso que haya propietarios por un lado y no propietarios por el otro, todos somos propietarios, sólo que de cosas distintas. Y -en última instancia- todos somos propietarios de nuestros medios de producción: el trabajo (sea físico o intelectual) o el fruto de nuestro trabajo (sea en dinero o en especie).

"El concepto de socialismo admite una variedad de significados concretos, más o menos coincidentes con el criterio anterior: la variante más extrema, denominada *comunismo,* se inspiró fuertemente en las ideas de Marx y de Lenin, organizando de hecho un sistema totalmente centralizado de propiedad estatal donde sólo se admitía la propiedad cooperativa parcial en el campo y muy limitadas formas de propiedad privada en algunos servicios."[32]

Tal como ha demostrado L. v. Mises y -en general- la Escuela Austríaca de Economía la propiedad estatal de los medios de producción lleva más tarde o más temprano a la de los bienes de consumo. En parte porque la economía es un sistema de vasos comunicantes y no de compartimentos estancos, entonces la medida que se toma en un sector repercute mediata o inmediatamente en los restantes. En otra parte muy importante es porque la intervención estatal distorsiona los precios relativos y destruye los incentivos de inversión al perturbar las señales del mercado libre lo que incrementa el consumo y la desinversión efecto que no se daría en ausencia de injerencia estatal.

"Por su propia lógica interior tales sistemas devinieron en aparatos burocráticos de enorme poder, donde el Estado concentró to-

---

[32] Ver nota anterior.

das las decisiones importantes en materia política y económica, y donde se estableció en consecuencia un control totalitario sobre el conjunto de la sociedad. El ejemplo más conspicuo de este modelo, el que se desarrolló en la URSS, produjo visibles ineficiencias y tensiones que llevaron a su desaparición."[33]

Como también enseñó L. v. Mises el principal problema fue la imposibilidad del cálculo económico en el sistema socialista que determina que no existe tal cosa como una "economía socialista" que constituye una contradicción en términos, sino que se trata de un sistema que trata de emular los precios de mercado, que sólo aparecen en una organización capitalista y no en ninguna otra. Todo lo mencionado conduce invariablemente a un sistema totalitario, tanto en lo económico como en lo político, que condena a la gente a la pobreza extrema y -por último- autoextingue al pais que lo adopta, tal como sucedió con la URSS. El caso chino fue algo diferente, ya que antes de su extinción (la que por el momento dilata) fue paulatinamente abriendo ciertos mercados, sobre todo a nivel internacional, y aun le permite sobrevivir. Se ha creado la ilusión y la propaganda de una China "capitalista" lo cual es una farsa y una exageración notable de lo que continúa siendo en esencia un pais comunista con un grado muy pequeño de libertad (en un orden de un 1% a un 3% aproximadamente según actividades y zonas).

"Otra forma más moderada de socialismo es aquel que, abogando por una economía totalmente estatizada como meta final, aceptó desarrollar una larga etapa de reformas que llevaran a este resultado. Conocido como socialismo democrático, los países que siguieron este modelo llegaron a economías de mercado con fuerte participación estatal, como en muchos países de Europa. En los últimos años, sin embargo, los partidos socialdemócratas han abandonado prácticamente la intención de llegar a una sociedad sin propiedad privada, limitándose a abogar por amplios programas sociales y el control estatal sobre ciertos monopolios."[34]

---

[33] Ver nota anterior.
[34] Ver nota anterior.

La meta de la sociedad superior

Es el modelo que L. v. Mises llama *intervencionismo*, y que no es ni socialismo ni capitalismo pero que, cuya dinámica y prolongación el tiempo, conduce al socialismo, más allá de las intenciones de sus patrocinadores. Presupone la existencia de un mercado libre que es intervenido -en diferentes grados y tiempos- por parte de los gobiernos que sostienen dicha ideología intervencionista. Es el que rige actualmente en la mayor parte del mundo con distintas intensidades y proporciones y cuyo funcionamiento al tratar de combinar lo que es incombinable lleva a las famosas y recurrentes *crisis económicas*, las que la única manera de evitarlas es dejando trabajar en completa libertad a los mercados.

"Otras formas de socialismo, inspiradas por el cristianismo o por diversas variantes de ideologías nacionalistas, han propugnado básicamente una economía donde se reservan al Estado las industrias más importantes, por razones estratégicas, o donde se estimula la formación de cooperativas y otras formas de propiedad no privada. Estas ideologías estuvieron en boga en las naciones menos desarrolladas durante varias décadas, especialmente en el periodo que va desde la Segunda Guerra Mundial hasta los años ochenta. En la mayoría de los casos propusieron también modelos de desarrollo basados en el proteccionismo y en la sustitución de importaciones, guiándose por lo que se llamó el nacionalismo económico."[35]

Pueden aplicarse al anterior los mismos comentarios que hicimos en el párrafo precedente. Se tratan de diversas variantes del mismo fenómeno intervencionista. La diferencia radica en cuál parte de la economía privada debe intervenirse, en qué cuantía y oportunidades. Pero, en suma, la cuestión radica en que alterar cualquier parte do sector del sector privado de la economía (el único productivo) repercute negativamente en todo el andamiaje económico nacional, provincial o municipal, o donde fuere que se trata de aplicar la restricción gubernamental. Poco importa si la injerencia se hace bajo el prisma del *cristianismo, nacionalismo, solidarismo* o las tantísimas divisiones

---

[35] Ver nota anterior.

que los intervencionistas enemigos del mercado libre realizan entre sí. Nuevamente, hay que acudir a los escritos del profesor Ludwig von Mises para entender el punto porque nadie mejor que él lo ha explicado con sencillez, claridad, solidez y contundencia argumental. Como resumen a este párrafo sólo cabe reiterar que estos "caminos" que se pretenden "intermedios" entre la economía de mercado y el socialismo, terminan imponiendo este último, con todas sus malsanas consecuencias.

Por último y en relación con este tema, la teoría del "mejorismo" ya analizada y refutada por Mises durante el siglo XX, dice más o menos lo siguiente: "siempre se evoluciona para mejor. Los individuos, estados, sociedad siempre apuntan hacia el progreso y mejoramiento. Nada de lo que los individuos hagan aisladamente podrá impedir esto."

Este absurdo es muy popular. Marx era un "mejorista" o evolucionista de este tipo. Sus delirantes teorías afirmaban que la sociedad siempre evoluciona. Arrogantemente sostenía que del capitalismo se evolucionaba al socialismo y de éste al comunismo, estado este punto final de su ciclo evolutivo. Nunca nos explicó por qué la evolución se detenía en el comunismo y por qué -en consecuencia- del comunismo no se podía evolucionar hacia otro estadio "superior", hacia otra cosa. Agregaba que nadie podía impedir este tránsito -según el- "inexorable". Ni acelerarlo, ni mucho menos revertirlo.

Hoy, quienes se llaman a sí mismos hombres prácticos y realistas, que no se atan a teorías preconcebidas, razonan como los marxistas (aunque se indignen al hacérselo ver). Sólo que lo hacen al revés, pero apelan a la misma fatalidad marxista.

Estos hombres prácticos nos dicen algo así: "primero fue el capitalismo luego se evolucionó al socialismo y de allí al intervencionismo. Del intervencionismo se evolucionará a menos intervencionismo. Todo ello fue bueno".

Si bien Carlitos Marx no hubiera estado de acuerdo con el anterior "razonamiento" fácil se echa de ver que la base del mismo es idéntica en uno y otro caso: es decir estas posturas nos dicen: "sólo se puede mejorar". Pero una explicación sin fundamentar no es explicación. Falta el "por qué" de todo lo que sostienen. Por otra parte, se contradicen porque unos (marxistas) aseguran que "mejorar" es llegar al comunismo, y los otros que "mejorar" conduce a un menor intervencionismo.

Lamentablemente, estas tesis vistas a la luz de la historia no pueden explicarnos de qué manera fue una "mejora" -en términos estrictamente evolucionistas- la revolución bolchevique de 1917 ni las guerras mundiales del siglo XX. ¿qué tipo de evolución representaron? Además, los modernos "evolucionistas" que ven la "evolución": capitalismo>>intervencionismo>>menor intervencionismo" no nos explican ¿por qué en ese sentido de la flecha evolucionista? ¿por qué del intervencionismo no se puede "evolucionar" al capitalismo? ¿por qué excluyen de su teoría al socialismo y al comunismo? Este último para ellos ¿no fue evolución? ¿qué fue? ¿por qué lo ignoran?

El *determinismo* evolucionista -marxista, no marxista y aun anti marxista- no nos brinda respuestas. Cojea por todos lados. Porque el determinismo, en sí mismo, entraña una falacia.

Si cada acto de un individuo, de un pueblo, de un estado, de un gobierno, etc. siempre es un paso adelante -según estos hombres prácticos y "no teóricos"- ¿en qué lo fueron hechos como aquellos o las innumerables guerras en diferentes países durante el pasado?

¿Sólo hay evolución económica? ¿por qué? Nada responden nuestros críticos. ¿por qué habría sólo evolución económica y no social? ¿en base a que teorías se dividen ambas? Así podríamos seguir preguntando ad infinitum. Y seguirán sin poder respondernos.

Estos críticos tendrían que admitir que en los procesos sociales, económicos y políticos lo que en realidad existe es *evolución e involución* en forma conjunta o sucesiva. Pero admitir esto los seguiría poniendo en aprietos. Tendrían que responder preguntas tales como ¿qué fenómenos determinan que en determinadas épocas de las historias y en localizados lugares se evolucione y en otros se involucione? Y más aún ¿cuáles son las causas reales y concretas de dichos fenómenos? No responden. Guardan silencio. Naturalmente no tienen las respuestas. Han dicho un disparate que se niegan a reconocer.

Una vez más la Escuela Austríaca de Economía nos da las respuestas correctas a través de la praxeología. El postulado básico de la praxeología es que la acción humana procura pasar de un estado menos satisfactorio a otro de mayor satisfacción. Esta es la categoría *a priori* de la acción humana. Y la clave de esta categoría está precisamente en que es *a priori*, es decir, esta categoría precede y motiva la acción; no es el resultado de la acción sino su causa.

En otras palabras, antes de realizar o emprender determinado acto se especula con que la situación posterior al mismo será más satisfactoria que la anterior, pero especular no implica asegurar el resultado de la acción. En otros términos, después de realizado el acto, el sujeto agente puede encontrarse con que su consecuencia es menos satisfactoria que el estado anterior. Popper -aunque sin adherir a la praxeología misiana- analizó el mismo fenómeno al que designó como proceso de "ensayo y error".

El determinismo, tanto marxista como no marxista va en contra de estas premisas y de sus conclusiones porque necesariamente debe negar el libre albedrio. Pero la experiencia misma demuestra la existencia del libre albedrio y por ende de la falsedad del determinismo. Baste señalar que ninguna de las "inevitables" profecías marxistas se vio cumplida, y las tendencias también predichas por Marx van en sentido contrario a sus pronósticos. Por ejemplo, el mundo no propende hacia la pauperización del planeta, sino que va en sentido inverso a esa predicción marxista, y como esta todas las demás predicciones marxistas y no marxistas que se funden en el *determinismo esotérico*.

Pero siendo tan gruesos los errores del socialismo, de sus autores y seguidores ¿cómo pudo haber surgido semejante doctrina en el mundo?

Varios fueran las causas que motivaron el desplazamiento del sistema capitalista por el socialista, para pasar luego al actual sistema intervencionista (socialdemócrata o progresista populista).

La meta de la sociedad superior

Además de las indicadas en otros trabajos nuestros[36], o ampliando las mismas, podemos mencionar dos causas "madres" por así llamarlas.

El pasaje se produjo por obra de los intelectuales. Como bien señala Mises ningún proletario ni hijo de proletario hizo jamás ningún aporte importante a la causa socialista (ver cita más abajo).

La labor fundamental estuvo a cargo los intelectuales. Tal Mises indica, los intelectuales son los responsables de los cambios ideológicos producidos en las masas. Bien ha señalado el profesor austríaco que, en manera alguna es necesario que las masas lean los libros de los reformadores sociales, filósofos, historiadores, etc., los artífices de las ideas. Los intelectuales son los que se encargan de digerir y transmitir el mensaje ideológico a las masas.

Hasta las fechas señaladas en dichos trabajos, el sistema capitalista había producido resultados sorprendentes en cuanto a productividad y mejora del nivel de vida de las masas. Estas derivaciones fueron expresamente reconocidas por Marx y Engels al comienzo del célebre *Manifiesto Comunista* (1848). Al menos tuvieron la sensatez de no negarlas. Pero allí se les acabó la sensatez.

Ahora bien, no debe olvidarse que el impulso básico, intrínseco y esencial del hombre siempre apunta a mejorar su condición. El hombre (y en la medida que sea hombre y no Dios) jamás estará satisfecho. Llegado a un cierto nivel siempre aspirará a un nivel superior. De alguna manera la historia de la civilización se debe precisamente a este fenómeno.

Pues bien, en la época considerada, el hombre en el máximo esplendor del capitalismo se preguntó ¿y bien? ¿Esto es todo a cuanto podemos aspirar? ¿No podrá este sistema mejorarse tal como el capitalismo representó un gran avance respecto de las monarquías feudales a la cuales reemplazó? Y respondiéndose a esta pregunta nació el socialismo. Dicho sea esto pues a favor de los socialistas de buena fe.

Esta es la mención de honor que debe hacerse en homenaje a los socialistas utópicos. Aquellos mismos (Saint Simón, Fourier,

---

[36] Ver la bibliografía al final de este volumen.

Proudhon, Sismondi, etc.) que Marx criticó e insultó y declaró enemigos de la causa del proletariado. En la concepción de Marx dichos socialistas estaban total y completamente equivocados, ya que no eran capaces de ver como la misma evolución del sistema (Hegel) conduciría de una u otra manera a la desaparición del capitalismo y la instauración del socialismo. Aquellos socialistas utópicos, no menos equivocados que Marx, sin embargo, actuaban, creo yo, de buena fe. No obstante, existen dudas históricas muy fundadas respecto de Marx en tal sentido.

Por otra parte, aunque en menor medida, no deja de ser cierto que todo cambio siempre deja disconformes y nostálgicos del viejo régimen. Otro tanto ocurrió cuando el nuevo sistema capitalista fue llamado a sustituir el régimen de privilegios que representaba el antiguo estilo monárquico feudal al que estaba llamado a reemplazar.

Los nostálgicos de las monarquías absolutas y totalitarismos de toda estirpe (vigentes a lo largo de 4000 años de civilización) no se dieron por vencidos, como tampoco hoy en día se han dado por vencidos los melancólicos del socialismo que dominó el mundo desde 1917 hasta el presente y luchan por reimplantar las banderas y consignas socialistas (modernamente a través de la socialdemocracia intervencionista).

El socialismo, en este aspecto, también es tomado por muchos de aquellos evocadores de los antiguos privilegios que les daban los sistemas intervencionistas y absolutismos reemplazados por el capitalismo incipiente, y que pretendían ponerse a la cabeza de los revolucionarios proletarios.

Entusiasmados con la idea de una dictadura del proletariado, ¿qué mejor que ser los primeros en sumarse y ponerse a la cabeza de la dirigencia de ese proletariado para pilotear la dictadura? ¿Es que en realidad les interesaba el proletariado? No. En verdad, lo que perseguían era conquistar la dictadura por la dictadura misma recobrando aquel poder que el liberalismo les había arrebatado, y el movimiento les servía de perfecta excusa para eso. Buscaban recuperar el poder por las ventajas personales que este les otorgaba cuando estaban en el mismo.

Amparándose en la noble causa del trabajador y del obrero "explotado", muchos nostálgicos del autoritarismo encontraron amparo en la nueva doctrina socialista para tratar de recuperar el terreno perdido. De esta manera, se subieron a la causa del proletariado para advertir que el socialismo devendría inevitable (tal como Marx lo predijo) al final de la "evolución" capitalista. Esto Mises lo analiza minuciosamente y de allí que conviene remitirse a sus textos para estudiarlo bien a fondo.

No obstante, pues las buenas intenciones de los primeros teóricos y prácticos socialistas en la formulación de la teoría que mejoraría al capitalismo y lo despojaría de sus presuntas "injusticias", lo cierto es que la teoría socialista falló en muchos aspectos de los cuales Mises ha señalado el más importante de todos: la *imposibilidad de practicar cálculo económico en el sistema socialista*. Vale decir, en la llamada "economía" socialista cualquier tipo de "economía" resulta imposible. Esta es la gran paradoja del socialismo.

Esta crítica lapidaria al sistema, confirmó lo que posteriormente, una vez puesto en práctica el modelo socialista, pudo comprobarse en los hechos. Al existir imposibilidad de calcular económicamente, la consecuencia del sistema no podía ser otra que el despilfarro de recursos y la continua y permanente pauperización de las masas.

A pesar de estos resultados palpables (en lo político continua burocratización de estructuras, y en lo económico hambrunas crecientes y pauperización de las masas) muchos socialistas de buena fe creyeron que el error no estaba en la teoría sino en la puesta en marcha del sistema. De allí que creyeran que cambiando a los hombres el sistema mejoraría por sí mismo. Esta miopía de buena fe, dio como resultado en muchos países (como Rusia, China, Cuba, etc.) terribles purgas y matanzas impresionantes, destinadas a purificar al régimen, sobre todo en la época de Stalin, personaje que masacró mucha más gente que lo que hizo Hitler durante todo su gobierno.

Gabriel Boragina

Claro está que estos dictadores no eran de buena fe, eran criminales sangrientos. Pero como dijimos, detrás de ellos estaban los "intelectuales".

Stalin, Mussolini, Hitler, Mao Tsé Tung, Fidel Castro, el Che Guevara, Perón, Chávez, etc. no llevaron a la práctica ideas propias elaboradas por ellos. Ni Stalin inventó el comunismo, ni Hitler el nazismo, ni Mussolini el fascismo. Ejecutaron todos ellos teorías ajenas, cuyo origen en común -pese a todas sus derivaciones, matices y variaciones- encuentran su punto culminante en Marx. Este es el paradigma del intelectual, que *no es igual al sabio, ni tampoco sinónimo de poseedor de la verdad* como popularmente se cree. Es por ello que, siempre insistimos que no son los hombres los que gobiernan, sino que ellos son gobernados por sus ideas, lo que hace que -en definitiva- sean estas las que gobiernen al mundo. Los hombres son simples instrumentos de las ideas que los dominan.

Rápidamente, en la época de su adopción masiva, hacia finales de la primera década del siglo XX y comienzos de la segunda, el socialismo, como no podía ser de otra manera y como había advertido oportunamente Mises, derivó en sectas (nazismo, fascismo, comunismo) que mantenían entre si un común denominador: su fervoroso anticapitalismo. Algo que los unía mucho más que los matices que los separaba.

El socialismo (tanto el utópico que Marx condenó, como el "científico" que fundó) lleva implícito en sí mismo sus más profundas contradicciones, lo que explica que las distintas sectas socialistas (fascismo, nazismo y comunismo) mantuvieran -finalizada la segunda guerra mundial- posiciones irreconciliables y pugnas terribles entre sí, mientras coincidían en su naturaleza totalitaria y antiliberalismo. Ese totalitarismo que los unía minimizaba las pugnas y guerras que se gestaron entre ellos con posterioridad a la segunda guerra mundial. Toda la diferencia entre las sectas socialistas consistía en la siguiente cuestión: quién -en definitiva- debía ostentar la representación de la totalidad de la sociedad, quién la debía gobernar, quiénes representaban a la "verdadera" sociedad.

La meta de la sociedad superior

Mientras los nazis aspiraban al dominio de la raza aria, de todo lo nacional y autóctono con desprecio a lo extranjero, los fascistas pretendían el gobierno de las corporaciones por sobre los individuos, en tanto que los comunistas postulaban el gobierno de los proletarios por sobre los burgueses. Estas pugnas internas entre distintas facciones socialistas son las que aun caracterizan el sistema.

Ahora bien, recalquemos que el párrafo anterior se refiere a los simpatizantes, militantes, fanáticos y adoctrinados en dichas sectas, pero no a sus jefes máximos. Lo único que preocupaba a Mussolini, Hitler y Stalin era determinar quién de los tres sería el amo del mundo. Al aliarse con Hitler, Mussolini prestó tácita conformidad a que ese líder mundial debía ser el Führer y no el Duce. A partir de allí, la contienda pasó a circunscribirse entre aquel y Stalin, compitiendo ambos por ese máximo "galardón".

La humanidad nunca llegó a percibir, ni parcial, ni totalmente la génesis común y, por consiguiente, la íntima vinculación y coincidencia totalitaria de las sectas socialistas (fascismo, nazismo, comunismo) creyendo, en definitiva, que lo esencial era "civilizar" el sistema. Nunca jamás reconoció la raíz totalitaria del socialismo. Ninguna vez percibió que sin esa raíz totalitaria el socialismo era y es impracticable. Tampoco jamás reconoció la sociedad el origen común del fascismo, nazismo y comunismo en el socialismo. De manera tal que, quedó la impresión en la gente de que las sectas fueron "degeneración" de algo intrínsecamente "bueno" como es el socialismo. De allí que, se siga ensayando con el mismo inútilmente, ahora a través del *intervencionismo*, a fin de lograr el "mejoramiento" de las masas. Se da por sentado que el capitalismo "fracasó", y que lo único que queda es mejorar el sistema socialista. La miopía continúa hasta nuestros días, en donde en lugar de virar hacia el capitalismo se insiste en la vía muerta de tratar de "mejorar" el socialismo, algo imposible.

De alguna manera, es comprensible que, si el mundo ha vivido durante 4000 años por lo menos, en medio de dictaduras totalitarias, monarquías absolutistas y feudales, tiranías, la resistencia a un régimen de libertad como es el capitalismo (extremadamente joven con sólo 200 años contra 4000 de civilización) que ha reivindicado la libertad de los pueblos y el establecimiento de los verdaderos derechos, instaurando de tal manera el gobierno del pueblo para el pueblo, perdure aun en nuestros días. La libertad es algo que creemos obvio, pero que -en realidad- significa una conquista, una lucha diaria, como hemos tenido oportunidad de expresar en otro lugar[37].

Y la libertad tiene un costo que para muchos es muy alto, ese costo se llama responsabilidad personal. No hay libertad sin responsabilidad, y no son pocos los que están dispuestos a sacrificar la primera para no asumir la segunda. La esclavitud permite no ser ni sentirnos responsables de nuestros actos y es una magnifica coartada y la excusa perfecta para hacer lo que queramos sin límite alguno, pero esto, aunque no lo sepamos no es libertad sino su contrario. Este es uno de los motivos por los cuales los socialistas odian la libertad, porque de asumirla ellos, los haría responsables de sus actos que es lo que no quieren, entonces prefieren ser esclavos de un sistema que consiste precisamente en eso do en esclavizarlos, y también les permite esclavizar a otros. Este es, quizás, el mayor atractivo del socialismo: el dar la posibilidad de someter a la esclavitud a los demás, y en convertirse uno en el amo de otros y de permitírselo, en el amo del mundo. Por eso gente como Hitler, Mussolini, Stalin, Perón, Chávez, Fidel Castro odiaban la libertad: porque les impedía a someter a los demás a sus voluntades.

Uno de los "logros" más "espectaculares" (y posiblemente el más nefasto) del socialismo (o más propiamente del marxismo) fue el haber convencido a las masas de la ineluctabilidad del advenimiento del paraíso socialista. Marx tuvo el mérito (por sobre sus antecesores socialistas) de haber sentado en forma casi definitiva en la conciencia de los intelectuales el hecho de que las "fuerzas materiales de producción" gobiernan míticamente el destino de los humanos.

Vista de cerca ,tal espectacularidad es relativa, por cuanto es verdad que a la generalidad de la gente le fascinan esas personas que aseguran que conocen el futuro, la videncia, la quiromancia, la astro-

---

[37] Ver la bibliografía al final de este volumen.

logía, las ciencias adivinatorias, los horóscopos, las predicciones, los presagios, las profecías, etc. gozan de gran popularidad en las masas por lo misterioso, lo intrigante, por ese deseo oculto o apenas disimulado de querer superar a los demás en conocimientos de lo misterioso y desconocido para poder tener algún dominio sobre los demás. Por eso las ciencias ocultas tienen tantos adeptos entre la gente. Esto es muy antiguo. En lejanos tiempos, los brujos, hechiceros y adivinos eran los sacerdotes de las tribus y también sus jefes políticos y directores, no sólo en lo espiritual sino también en lo terrenal. Por eso hoy en día se espera de los políticos que guíen al mundo por la senda que les indican sus visiones "sobrenaturales" y proféticas, y se los tiende a divinizar. Y Marx y sus discípulos querían y creían ser de ese tipo de personas predestinadas: dotados de poderes sobrenaturales que les permitían ver más allá de lo simplemente perceptible, creen conocer el futuro, el destino de todos y poder presagiarlo, son historicistas, ya que el historicismo es la doctrina que resume todo lo anterior.

Esto, en buen romance, significa lo siguiente en lenguaje marxista: el progreso está "asegurado", "evolutivamente" la sociedad tiende al progreso que por su propia dinámica deviene en inevitable (Hegel). Ahora todo lo que haría falta es preocuparse por el "reparto" de ese progreso.

Pero ni el propio Marx fue consecuente con su teoría, y esto ni siquiera fue advertido (o más bien fue pasado por alto, muy probablemente de manera deliberada) por sus discípulos y seguidores. Luego de sentar las bases acerca de que las sociedades eran gobernadas por las míticas "fuerzas materiales de producción" las cuales, "ineluctablemente", llevarían al capitalismo a su máxima fase de expansión luego de lo cual "evolutivamente" desaparecería y surgiría el socialismo, inconsecuentemente, en sus escritos panfletarios postulaba la expropiación lisa y llana por parte de los obreros de los medios de producción capitalistas.

¿Por qué postular -se pregunta acertadamente Mises- la acción directa revolucionaria si, de cualquier manera, conforme la propia teoría marxista, el capitalismo sucumbiría por un problema evolutivo y aparecería en su lugar el socialismo? ¿Por qué dijo que esa supuesta "evolución" era indetenible y no se podía acelerar ni retrasar? Y si esto último era así, entonces ¿para qué una revolución, y por qué la misma era "necesaria"? Ni Marx, ni ningún marxista jamás dio respuesta a este interrogante para resolver sus múltiples contradicciones y torpezas conceptuales. Y así siguen las cosas.

Acostumbrada y hecha la gente a la idea de que el progreso **siempre** estará entre nosotros, que vamos hacia adelante y que no se puede retroceder, que cada vez tendremos más y más bienes, convencidas las masas de estos postulados marxistas resulta, en esta lógica, muy razonable pensar que todo el problema económico y social reside pura y exclusivamente en cómo distribuir de la mejor manera posible esa riqueza que se genera y se continuará generando por sí misma.

Sin embargo, el supuesto es de una falsedad tan grande que resulta muy difícil comprender el grado de embrujo marxista de las masas como para que no se evidencie el mismo.

Como bien se encargan de puntualizar Ortega y Gasset y otros estudiosos del problema, en manera alguna el progreso es lineal ni está asegurado por los siglos de los siglos. Sostener lo contrario implicaría lisa y llanamente desconocer que en el curso de los siglos fueron innumerables las civilizaciones que surgieron, crecieron, se desarrollaron y sucumbieron. Significa desconocer hechos históricos elementales.

Pero no obstante estas gruesas fallas epistemológicas, lo importante es que Marx logró dejar sembrada en las masas, desde la formulación de la teoría marxista hasta el presente, el convencimiento de que el ciclo evolutivo del capitalismo se había cumplido y ahora devendría inevitable el marxismo. Algo a lo que nadie, -según él- hiciera lo que hiciera, se podría oponer, so pena de ser arrastrado por las "fuerzas arrolladoras de la historia". Nada más ridículo, pero -sin embargo- aceptado hoy por todos.

Esa idea, a pesar de la nefasta experiencia marxista en casi todas las partes del globo, sigue firmemente arraigada en lo que los sociólogos llaman el "inconsciente colectivo" ,y es lo que ha dado lugar al

La meta de la sociedad superior

surgimiento de lo que hoy se llama la *socialdemocracia intervencionista, progresista o populista*, como fórmula de transición entre un capitalismo al que se le denomina y considera "decadente" y un marxismo que se sigue considerando "revolucionario" y en última instancia, con un contenido moral que se le niega al capitalismo.

Justamente a esto que estamos reseñando fue a lo que se refirió Mises cuando se ocupó de lo que él acertadamente denomina "destruccionismo". Volvamos a citar un texto ignorado pero brillante, y que debería estar grabado en el bronce de muchos monumentos en toda la faz de la Tierra. He aquí uno de sus párrafos más significativos:

"La propaganda socialista nunca ha encontrado una oposición decidida. La crítica devastadora por medio de la cual los economistas exhibieron la ineficacia e impracticabilidad de los planes y doctrinas socialistas no llegó a las esferas que plasman la opinión pública."[38]

Destaca la importancia de la publicidad en la difusión de las ideas y de cómo la gente tiende a creer aquello que se repite con suficiente insistencia. este era el método que tantos réditos le dieran al tétrico Joseph Goebbels -el ministro de la Propaganda nazi de Hitler- y que logró mantener en estado semi narcótico a millones de alemanes durante años, y a los que sólo consiguió despertarlos los bombardeos de las fuerzas aliadas y la entrada de los tanques soviéticos en Berlín.

Con todo, esa "crítica devastadora" hoy día es un poquito más conocida, pero desgraciadamente menos todavía que la incesante propaganda izquierdista.

Las universidades están dominadas, en su mayor parte, por pedantes socialistas e intervencionistas, no sólo en la Europa continental, en donde esos centros del saber pertenecen a los gobiernos, quienes los administran, sino también en los países anglosajones.[39]

---

[38] Ludwig von MISES. *Socialismo. Análisis Económico y Sociológico*. Tercera edición castellana. Western Books Foundations, pág. 607/608.

[39] Ver nota anterior.

Y ni que decir en los latinoamericanos, donde la situación es mucho peor que lo que describe la cita del genial L. v. Mises. La educación en Sudamérica y Centroamérica está completamente en manos de los estatistas, ocupando la mayor parte de las cátedras y centros de enseñanzas. El estatismo y su filosofía nefasta lo dominan todo cumpliendo los consejos de Antonio Gramsci para colectivizar las mentes de niños, jóvenes y adultos en un plan macabro y siniestro de lavado de cerebros que ya lleva décadas. Fruto de ello es la decadente educación que tenemos hoy en día con sus pésimos niveles de rendimiento en los sectores señalados y en todos los grados "académicos" que de esto último ya tiene poco y nada. El panorama en este campo es desolador.

Los políticos y los estadistas, ansiosos de mantener su popularidad, se mostraron tibios en la defensa que hicieron de la libertad. La política de apaciguamiento, tan aplaudida cuando se aplicó al caso de los nazistas y fascistas, se practicó universalmente durante varias décadas en el caso de todas las demás sectas del socialismo. El derrotismo fue la causa de que las nuevas generaciones crean que la victoria del socialismo es inevitable.[40]

Ello, siempre y cuando estemos hablando de los políticos y estadistas que tuvieran conciencia de los beneficios de la libertad y de la amenaza que el socialismo representa para la misma. Pero muy torpes como para darse cuenta que el socialismo también atentaba contra la libertad de ellos mismos.

Por supuesto, L. v. Mises habla de los políticos de las naciones occidentales y de los que defendían la democracia o -más precisamente- la socialdemocracia, que era el sistema político imperante en Europa cuando surgieron el nazismo y el fascismo. Claramente indica a estos últimos como *sectas del socialismo, pero no las únicas de ellas.* Los mismos socialdemócratas comparten los postulados básicos del socialismo como ya hemos tenido oportunidad de ver páginas atrás. El hecho esquivo de creer que el socialismo tiene algún lado "bueno" y compatible con la democracia fue letal para Occidente.

---

[40] Ver nota anterior.

La meta de la sociedad superior

No es verdad que las masas pidan con vehemencia el socialismo y que no haya medios para resistirlas. Las masas están a favor del socialismo porque confían en la propaganda socialista de los intelectuales. Son éstos y no el populacho quienes forman la opinión pública. Es torpe la excusa que dan los intelectuales de que deben ceder ante la insistencia de las masas, porque son ellos mismos quienes han generado las ideas socialistas y adoctrinado con ellas a esas masas. [41]

Verdad grande como un templo que normalmente se soslaya. Ahora bien ¿quiénes son esos intelectuales a quienes ya hemos aludido antes? De acuerdo al diccionario de la Real Academia Española un intelectual es aquel "3. adj. Dedicado preferentemente al cultivo de las ciencias y las letras."[42] Donde cobran relevancia los educadores de todos los niveles (primario, secundario, universitario) pero también los líderes políticos, religiosos, sindicales, municipales, barriales, que en un nivel menor repiten lo que aprendieron de sus maestros.

También ha de destacarse dentro del grupo de intelectuales a los periodistas cuya influencia sobre las masas es enorme y mucho mayor que la educación formal. Estos son intelectuales de bajo grado, pero con un efecto expansivo muy grande.

En sentido amplio, todo aquel que tiene algún nivel de instrucción que le permita enseñar a otros e influir sobre ellos es un intelectual. Estos son los responsables de la difusión y aceptación del socialismo y de la desgracia mundial que hemos padecido y seguimos sufriendo por esta ideología criminal.

Ningún proletario ni hijo de proletarios ha contribuido en algo para elaborar los programas del intervencionismo y del socialismo, ya que todos sus autores son de extracción burguesa. Los escritos esotéricos del materialismo dialéctico, de Hegel, el padre tanto del marxismo como del agresivo nacionalismo alemán, de Georges Sorel, de Gentille y de Spengler, no han sido leídos por el hombre común y no son ellos los que han movido directa-

---

[41] Ver nota anterior.
[42] Real Academia Española © Todos los derechos reservados.

mente a las masas. Fueron los intelectuales los autores de su po-
pularización.[43]

Acá L. v. Mises se refiere a los cultores y seguidores de los autores que ha mencionado. Como hemos dicho antes, esas ideas se han ido permeando hacia los textos escolares y universitarios que son los que forman a los futuros intelectuales por medio de sus maestros que son los que divulgan las teorías expuestas en esos libros. De esta manera se hace una especie de "cadena de transmisión" de las ideas (tanto de las buenas como de las malas) que opera de arriba hacia abajo, es decir, parte de la intelectualidad y desciende hasta las capas más bajas de la sociedad y en sentido horizontal, comenzando en la escuela y extendiéndose en los distintos campos de la actividad humana a medida que la persona comienza a interactuar con su medio ambiente. El socialismo no nació del pueblo sino de una pequeña elite, por eso no es una teoría idónea para el pueblo, dado que no ha vivido su experiencia ni conoce sus necesidades reales.

Los directores intelectuales de los pueblos han producido y pro-
pagado los errores que están a punto de destruir para siempre la
libertad y la civilización occidental. Ellos, y únicamente ellos,
son los responsables de las matanzas en masas que caracteriza a
nuestro siglo y solamente ellos pueden volver a invertir esta ten-
dencia y escombrar el camino para la resurrección de la liber-
tad.[44]

L. v. Mises contemplaba las dos devastadoras guerras mundiales del siglo XX que le tocó vivir y los crímenes del comunismo en Rusia, China y Asia cuya expansión era evidente. Y a la vez alertaba a la población y -sobre todo- a sus intelectuales adonde se dirigían y cuál era el camino correcto de retorno a la cordura: la destrucción del socialismo sino queríamos ver desaparecer a nuestra civilización bajo sus escombros. No hay una tercera opción: es socialismo o capitalismo. El primero nos conduce a la desaparición de todo vestigio hu-

---

[43] Ludwig von MISES. *Socialismo. Análisis Económico y Sociológico.* Tercera edición castellana. Western Books Foundations, pág. 607/608.

[44] Ver nota anterior.

mano, en tanto el segundo es el camino de la vida y el crecimiento social. En este momento nos encontramos en un punto intermedio de aquel en el que L. v. Mises escribía estas sensatas palabras en medio de una abrumadora incomprensión y soledad intelectual. De cualquier manera, la amenaza sigue latente, porque ese trabajo *contra intelectual* del que nos advertía en los últimos dos renglones del párrafo citado, es aún muy pobre y está mal y poco difundido. Es cierto que ya no existe la URSS y que China está haciendo lentas reformas que la están alejando muy despacio y desganadamente del comunismo de Mao, pero, sin embargo, y con todo lo bueno que estos dos hechos significan para el mundo, la realidad sigue siendo que el socialismo es una cuestión mental más que política. Su peligro inminente es que consiste en *una forma de ser* como examinaremos enseguida. Y es esto último, lo que podríamos llamar la *personalidad socialista* o, como con mejor expresión la designó el extraordinario L. v. Mises "la mentalidad anticapitalista" (que diera título a otro de sus excelentes libros) a lo que debemos temer los que amamos la vida y la libertad de vivirla.

> *El curso de los asuntos humanos no lo definirá las "fuerzas productivas materiales" míticas, sino la razón y las ideas. Lo que se necesita para detener la tendencia hacia el socialismo y el despotismo es sentido común y entereza moral.*[45]

No es ese determinismo recóndito (del que ya nos hubiera hablado L. v. Mises) lo que establecerá nuestro destino como pretendía Marx. Ningún futuro está determinado de antemano, eso es otro mito. Son las decisiones propias basadas en la razón y las ideas las que demarcarán el trayecto de los acontecimientos. Si estas ideas son aniquiladoras el descalabro final está asegurado. El socialismo y el despotismo son sinónimos, o bien este es consecuencia directa y necesaria de aquel y -en suma- vienen a confluir.

---

[45] Ver nota anterior.

Gabriel Boragina
Una forma de ser. Una verdadera personalidad

Como no es de buen gusto andar cometiendo errores en cuestiones delicadas y es de buen gusto escuchar a los demás, es de buen gusto confesar que, cuando hablo de la izquierda y menciono ciertos rasgos atribuidos a ella, nunca lo hago desde un prejuicioso concepto de la misma. Cuando comencé a estudiar sistemáticamente al socialismo y al comunismo me propuse seguir un método totalmente imparcial. Dije "voy a recopilar todo lo que los socialistas dicen de sí mismos. Cuando me acusen de mentiroso -como siempre lo hacen-tendré como responderles: les mostraré su propio testimonio. Estas reflexiones son la prueba de todos los socialistas que leí, escuché y entrevisté. Así es como ellos se ven a sí mismos. Así es como ellos hablan de sí mismos y así es como ellos se definen. Lo que sigue es un resumen de ello.

Ser socialista es creer que se puede pensar por el otro, es creer que un burócrata manejará y gastará mi dinero mejor que yo o que el que se lo ganó. Es creer que se puede decidir y actuar por el otro sin su permiso, sin su consentimiento, es desconfiar del individuo, del prójimo, en definitiva, de su inteligencia lo que nos transforma en arrogantes, en pontífices del pensamiento único, o sea del nuestro, desconfiar de la propiedad privada de los medios de producción o sea de la propiedad privada de mi vecino, de la riqueza. Es analizar el mundo y expresarlo en palabras en base a hipóstasis, es hablar en términos de países y no de gente. Es la fatal arrogancia de la que hablaba Friedrich A. von Hayek, la arrogancia de pensar y convencernos de que todo el mundo y todos deberán ver las cosas de la manera en que nosotros las vemos y que deberán creer en nuestros valores de la manera en que nosotros creemos en ellos, cuando en definitiva lo que tratamos es de imponer nuestros valores sobre los demás. Esto es ser socialista. Es agrupar a la gente en categorías, en clases sociales, en blancos, negros, amarillos, altos, bajos, rubios, nacionales, extranjeros, homosexuales, en clase media, baja, alta, pobres, ricos, en lugar de hablar -como corresponde- de fulano o de mengano. Es creer que somos capaces de pensar, hablar, desear, aspirar y sentir por los de-

La meta de la sociedad superior

más o que otros -llamados burócratas- pueden hacerlo. Es creer que un burócrata siempre será más honesto y menos ambicioso que cualquier hombre común y que en sus manos los impuestos siempre serán bien administrados. Es creer que las mayorías siempre tienen razón y que jamás se equivocan y que en consecuencia "comer excrementos es bueno porque millones de moscas no pueden estar equivocadas", especialmente cuando en sufragios "democráticos" alcanzan el 51 por ciento de los votos. Todo eso es lo que nos hace socialistas lo sepamos o no. Ser socialista es profesar que el "Estado de Bienestar" enriquece cuando en verdad empobrece, es opinar que el "estado" puede proveernos de cosas "gratis", como educación y sanidad, cuando en realidad las pagamos vía menor nivel de vida, es creer que un decreto del parlamento o del ejecutivo puede volver blanco lo que es negro y negro lo que es blanco. Es creer que el mercado es algo diferente al pueblo y no el pueblo en sí mismo interactuando entre sí; que los "derechos sociales" no son económicos y viceversa, que la cultura no tiene nada que ver con la economía y viceversa, cuando en realidad tiene vínculos insoslayables; es confundir a los países y sus pueblos con sus burócratas y gobiernos. Es creer que la gente es sabia y preparada para votar, pero es bruta e ignorante para administrar e invertir provechosamente para la sociedad sus propios dineros sin impuestos siendo un burócrata más honesto y mejor preparado para eso que el dueño de los fondos. Es creer que el "estado" educa cuando en realidad adoctrina, que cura cuando en su lugar empobrece y asesina. Es creer que la globalización es privada cuando en realidad es pública, es creer que se defiende la libertad cuando se aboga -tal vez inconscientemente- por la esclavitud. Y todo eso, queridos amigos, nos guste o no, lo sepamos o no, nos conduce inexorablemente al grado extremo del socialismo: el comunismo. Socialismo que como dice el prestigioso Dr. C. Sabino, siguiendo en esto a Mises, nos lleva al comunismo. Ergo, la amenaza comunista sigue latente en el mundo.

Ya definida arriba -a grandes rasgos- la típica personalidad socialista, aunque sea en un esbozo rápido y conforme mi experiencia con personas que dicen adherir a la *izquierda, socialismo, progresismo, socialdemocracia, populismo, etc.* rótulos que ellos utilizan la mas de las veces como intercambiables entre sí, examinemos a continuación algunos de los postulados de tales tipos de personas. Existen de los casos más extraños. Por ejemplo, me ha tocado debatir con personas que dicen defender la *autogestión* y un "estado" *reducido* bautizándose a sí mismas como "socialistas libertarios". Veamos brevemente este punto.

Desde los tiempos de Adam Smith hacia acá la autogestión y el Estado reducido a la mínima expresión posible siempre ha recibido el nombre de capitalismo o de liberalismo. Lo contrario a eso, a saber "gestión colectiva y máxima expresión del estado", siempre ha sido socialismo. El tratar de invertir los términos de la ecuación, llamando "socialismo" a instituciones y medidas que son típicamente capitalistas forma parte de la campaña de tergiversación semántica de la que venimos hablando, y por medio de la cual los colectivistas tratan de dejar incomunicados a su adversario. Con esta estratagema, el socialismo procura engañar consciente o inconscientemente a la gente vendiéndole (o vendiéndose a sí mismo) "gato por liebre". Es una manera a través de las que el socialismo se cuela dentro de las filas liberales para descuartizarlas o disolverlas desde adentro de ellas. Esta táctica se llama la de la infiltración, y ha sido muy utilizadas por parte de los socialistas revolucionarios. A. Gramsci, a quien ya citamos en esta obra, era ferviente partidario de esta técnica de socavación.

La existencia de policías, ejércitos, guardaespaldas, cárceles, puertas blindadas y rejas, justamente nos da la pauta de que vivimos en mundo socialista. No en balde en países tales como la ex-URSS, sus satélites, Cuba, Nicaragua sandinista, Chile de Allende, Corea, Vietnam, China, Venezuela de Chávez y Maduro, etc. la presencia de la policía y ejército son fundamentales y la parte más importante del aparato estatal. En los países capitalista la presencia policial es más baja porque se respeta la propiedad privada en mayor grado, y por ello se necesita una menor presencia policial y militar. Este es un parámetro bastante fiel para calibrar cuanto de socialismo y cuanto de liberalismo hay en la sociedad cualquier esta sea y sin importar en qué lugar el mundo se halle.

En fácilmente comprobable que en cualquier nación del mundo llamado curiosamente "libre", el gasto en medidas de seguridad estatal (policial) -protección a los ciudadanos honestos de los delincuentes—destinado por el gobierno es ridículamente mínimo en comparación con los gastos de seguridad social. Se llama a este fenómeno *asistencialismo* y es el preferido de los regímenes *populistas*.

Lo dicho pone a esos países en camino a convertirse en una futura URSS, China, Cuba, Chile de los 70, Nicaragua sandinista, Venezuela chavista o cualquiera de las republiquetas del este pre soviético. La asistencia a los pobres -que dicho sea de paso nunca se materializa- es la mayor parte del gasto que ese engendro estatal (una suerte de asociación ilícita entre Robin Hood y Santa Claus que se llama "Estado de Bienestar" o "Estado Benefactor", donde se les quita a los productores lo que les pertenece para darle a los no productores lo que no les pertenece ni se ganaron ni se supieron ganar). Asistencia que -como apuntamos- jamás llega, habida cuenta que el número de pobres aumenta en lugar de disminuir. Algo que los teóricos y partidarios del "Estado de Bienestar" ni ningún colectivista nunca pueden ni saben explicar: ¿cómo con mayores tasas fiscales la pobreza aumenta? Cualquier pro-capitalista (es decir, conocedor y estudioso del capitalismo) se dará cuenta que siempre sucede así. Es una ley económica y de lógica pura: a mayores impuestos mayor pobreza generalizada. Pero este fenómeno es para el colectivista (que ni siquiera conoce lo que es el colectivismo que dice abrazar) una gran paradoja.

En ese orden de ideas, para el capitalismo, el robo es inmoral por más que se lo practique con el respaldo de la mayoría a través de leyes (impuestos) votadas en el parlamento. El delito no deja de ser delito por muy amparado que se encuentre en la ley (por ejemplo, los impuestos, aranceles, tarifas, controles de precios, cupos de producción, de compras o de ventas, intervención en los contratos, aumentos de gasto público, etc.).

La iniciativa privada resulta completa y absolutamente incompatible con cualquier tipo de socialismo conforme tanto la teoría y la práctica de tal doctrina lo demuestran desde hace decenios.

Si estamos a favor de un sistema donde la inteligencia se ponga al servicio de la sociedad, indudablemente siempre estaremos hablando de un sistema capitalista y no socialista, porque en el capitalismo cada uno usando su inteligencia en PROVECHO PROPIO beneficia SIN QUERERLO Y SIN PROPONÉRSELO al resto de la sociedad de la que forma parte, y aun a sociedades de las cuales no forma parte. Ello sin perjuicio de que se tenga conciencia de que al proceder así se está beneficiando no solamente el sujeto activo sino al resto de los pasivos. En tal sentido, el capitalismo es el sistema más sol diario del mundo.

En cambio, en el socialismo los individuos son OBLIGADOS por medio de la ley -o sea por otros- a poner su inteligencia al servicio de la sociedad, pero en las sociedades colectivistas "la sociedad" quiere decir algo muy claro y especifico. Allí "sociedad" significa el grupo de burócratas que se encuentran enquistados en el poder amparados por un número suficiente de votos para ello. *En lenguaje del socialismo "sociedad" es sinónimo de gobierno y de burocracia.* Y esto también es así desde los tiempos de Adam Smith hacia aquí. Pero lo que es "obligatorio" por fuerza de un tercero, da malos resultados, y la inteligencia -en ese marco de coerción- decrece y no rinde frutos. Nadie hace bien lo que le obliga a hacer otro u otros. *Si la inteligencia no es libre no funciona al cien por ciento de su potencial.*

Solamente en el capitalismo "cada persona puede trabajar en aquello cuya productividad sea máxima y donde ella se sienta más feliz" porque cuenta con libertad, cosa que se le niega en los regímenes socialistas/estatistas/intervencionistas/socialdemócratas, etc.

El colectivista jamás define lo que es "vivir decentemente". No lo delimitan ni para ellos ni tampoco lo concretan para lo demás. Si tuvieran que precisar que es "vivir decentemente" ello los pondría en un serio apuro ideológico. En realidad, no podrían definir ninguna otra cosa más qué es "vivir decentemente" para ellos. Por eso, desvían la atención con ambigüedades, palabras etéreas, generalizaciones y oscura verborragia.

Pero vamos a sacarles las máscaras a estos señores colectivistas. Cuando ellos dicen que buscan una vida "decente" o "digna", la gente normal tiene que hacer las traducciones correctas. ¿Qué quiere el colectivismo? Ya vimos que persigue la propiedad estatal, sólo para destruir la privada ¿Por qué? Porque el colectivista sueña con ser jefe, o -como mínimo- parte del gobierno (a que llama "estado") o un beneficiario directo del "estado colectivista" que apoya y por el que lucha. Ergo, si la propiedad pasa de ser privada a estatal eso implica que toda, o una parte de esa propiedad expoliada, pasara a ser esfera de su dominio (o al menos eso espera el socialista). A esto es a lo que el izquierdismo llama "decente" o "digno".

Por ejemplo, cuando dice que el salario debe ser "digno, decente, etc." habla de lo mismo. De su salario. Y "digno" aquí también quiere decir que debe sacársele más dinero al patrón para dárselo a él, aunque ni lo merezca ni produzca lo suficiente como para obtener un mayor salario.

Y así se puede seguir con todas sus "consignas de barricada", una por una. Como cuando pide una vivienda "digna", igualmente: se traduce como que se le quite la vivienda a otro y se la den a él o a quienes el designe.

Pero, me parece que no es "decente/digno" confesar que lo "decente/digno" para mi es lo que yo quiero imponer a los demás como "decente/digno". Ante ello, la cuestión colectivista es "esquivar el bulto" y despistar. El no poder/querer definirlo es clara muestra que lo que implica "vivir decentemente" es para ellos apoderarse de una cosa un día y de otra cosa diferente otro día distinto. Y que "vivir decentemente" para los demás es para ellos lo que ellos quieren que sean. Usan como escudo y pretexto a los pobres para conseguir réditos ellos los ideólogos del socialismo, los autoproclamados izquierdistas, o "de izquierdas" como les dicen en Europa, los "salvadores" de los "humildes", a quienes cada vez que intentan "salvarlos" los hunden cada vez más profundo, como vemos están haciendo los gobiernos populistas en este preciso momento.

Seres malvados y cínicos que encubren su odio, autoritarismo y envidia bajo el manto de la pena simulada, sin percibir que *la definición de envidia es justamente pena o pesar por el éxito ajeno*. Lo encubren con otras palabras porque es muy feo confesar odio y envidia, aun cuando antes, en otras ocasiones, tal vez en forma inconsciente lo hayan hecho. Aun cuando dijeran antes que se alegraban de las desgracias físicas y económicas que personas más afortunados que ellos, padecieron, llegando al extremo de relatar hasta con lujo de detalles esas desgracias y padecimientos ajenos que tanto placer les causaron en el pasado, simplemente porque los desafortunados en cuestión tenían algunos dólares más que ellos en la bolsa. Así son los colectivistas. Borran con el codo lo que escriben con la mano. Y ¿qué cosa sino envidia al dinero de otros es alegrarse del mal de otros sólo porque tienen más dinero que uno mismo? ¿puede existir un ser tan perverso? Si. Y se llama socialista. El mal del mundo de hoy.

Capítulo 3 Una filosofía de vida.

Dice el socialista que el rico es poco feliz. ¿Seguro? Pues contesto que, si el rico fuera poco feliz *porque es rico, dejaría de ser rico, obvio*. Si no lo hace así, es porque no es la riqueza la causa de su infelicidad. No se entiende como este razonamiento tan simple no cabe en la mente de un colectivista. El que es poco feliz -en la realidad de los hechos- es el socialista que envidia el dinero de ese rico y que -por eso- "confunde" su propia desventura a causa de su envidia, con una desdicha que no le consta (la del rico que imagina "infeliz").

Y si en un país determinado un empresario quiere ser funcionario público (sin querer presentarse a elecciones democráticas para que lo voten o, candidateándose, sin conseguir que nadie lo vote en las mismas) es obviamente porque es mejor "chupar de la ubre de la vaca estatal" sin trabajar, que ganarse el diario sustento en la batalla de la empresarialidad. Se trataría de un fracasado en la actividad privada que quiere compensar su frustración como privado tratando de medrar de las arcas estatales que están formadas con dineros privados que el gobierno extrajo de los indefensos bolsillos de los ciudadanos.

Gabriel Boragina

De allí que, no debe ser sorprendente que los malos "empresarios" quieran quedar al abrigo de esa asociación ilícita que componen el Robin Hood y el Santa Claus estatal ,que se dedica a robar a unos para dar a otros y que en política y economía se conoce como "Estado de Bienestar" o "Estado Benefactor", en una fiesta navideña diaria y hasta horaria que tanto Robin como Santa prometen que será interminable y de dicha y felicidad para todos los desposeídos del mundo.

Por cierto, que el capitalismo está compuesto por empresarios auténticos que compiten sin privilegios ni prebendas en el mercado libre, al margen de cualquier componenda con los gobiernos de turno. Quien "dice" ser "empresario", pero habla mal del libre mercado o del capitalismo, no es "empresario" de nada, es un buscador de réditos políticos

Por último, pero no menos importante, el mejor parámetro para medir la bondad "práctica" de una teoría es el grado de consecuencia que sus sostenedores exhiben en sus vidas personales observando la misma.

Siempre me ha llamado la atención el grado de ligereza que demuestran los socialistas con sus postulados teóricos. La mayoría de ellos no son un ejemplo de lo que predican. Apenas uno los trata un poco advierte que, al hablar, cumplen al pie de la letra aquel famoso apotegma que dice "haz lo que yo digo, pero no lo que yo hago". Y efectivamente, es muy difícil encontrar un sólo izquierdista que sea consistente en su vida personal y ejemplo de lo que predica.

El colectivista, en general, no rechaza la propiedad privada *in totum*. Sólo acepta un tipo de propiedad privada: la suya propia, objetando la propiedad privada del resto de las personas. Si se está en contra del capitalismo lo menos que puede esperarse de esa persona es que se abstenga de utilizar los productos que ese capitalismo que tanto odia ofrece al mercado. Si el socialista odia al mercado no debería mezclarse con el comprando o utilizando cosas que el mercado capitalista -que tanto abomina- ofrece a todo el mundo. El dinero en otro ejemplo es producto del capitalismo, ergo, el izquierdista no debería poseerlo ni usarlo. Pero no conozco un sólo colectivista que se hay privado de esas cosas. Por el contrario, los más ardientes defensores del socialismo usan la mejor y más refinada y exquisita tecnología capitalista (automóviles de alta gama, joyas, relojes carísimos, computadores, televisores panorámicos, teléfonos celulares de última generación y de precios prohibitivos). Esta siempre ha sido la mejor auto refutación del socialismo, y la conducta más ridícula y auto incriminatoria de los socialistas que rinden un culto implícito y niegan su propio discurso usando, conservando y acumulando todos los productos que el capitalismo ha creado y sigue creando donde se le permite.

Un anticapitalista serio y consecuente con su anticapitalismo debería tejer sus propios vestidos, fabricar sus propios zapatos, cultivar sus alimentos, construir su vivienda y todo lo demás que quiera para el confort suyo y de du familia (televisores, refrigeradores, cocinas, electrodomésticos, enceradoras, lustradoras, lavarropas, ventiladores, acondicionadores de aire, relojes, etc. todo debería fabricárselo el para evitar contaminarse con cualquier artículo de elaboración capitalista. Si quiere viajar debería hacerlo a pie o a lomo de caballo o mula, y de querer cruzar el mar debería hacerlo a nado o canoa fabricada por el mismo o por sus camaradas socialistas.

Esto si sería verdaderamente predicar con el ejemplo y veremos a cuantos convence a vivir de esa manera.

En su patología mental, su rechazo a la propiedad privada ajena crece en la medida que la propiedad privada ajena sea más costosa y supere su cota de medida.

El socialista califica de "decente" todo lo que coincida con su propio patrimonio, o sea inferior al mismo. En tal sentido, si él es propietario (salvando la contradicción de serlo) de una casa de valor digamos de U$S 100.000.- "razonará" (es una forma de decir, claro) delante de todo el mundo que una casa de U$S 100.000.- "cumple" con las normas (las suyas en rigor) de "decencia" objetiva. Pero si una propiedad es de U$S 200.000.- lo escucharemos clamar sin empacho alguno que dicha posesión pasa a ser -en sus sentir- "indecente". En realidad, lo que no nos dice -pero pronto advertiremos si somos sagaces observadores- es que la ajena propiedad de U$S 200 mil será "indecente" en la medida que no sea la suya propia. A veces usa otras expresiones, como "inmoral, indigno, obsceno, etc." para criticar la propiedad ajena.

Desde luego, encontraremos socialistas propietarios de fincas por valor de U$S 300 mil, U$S 5 millones o más también. Esos socialistas calificarán tales valores -o inferiores a esos- como "decentes, dignos, morales, lógicos, etc.". En el último caso, el izquierdista que posea una finca de U$S 5 o más millones, la calificará como "decente". En tanto, se referirá en términos de "indecente inmoral, indigno, obsceno, etc.," a la propiedad de algún vecino suyo que supere esa cifra.

En rigor, el problema de la *decencia o la indecencia* de la riqueza no está en la cuantía de la misma para el socialista. No señor. La cuestión no pasa por allí, sino que pasa por el hecho de que esa propiedad no está en cabeza suya, no es de su dominio. Si lo estuviera -y cualquiera sea su valor de cotización- dicha propiedad pasaría a ser "decente" conforme a los cánones socialistas. Pura hipocresía.

Así podemos seguir con casi todo. Si el izquierdista en cuestión tiene un automóvil es "decente", pero si el vecino tiene dos es una posesión "indecente". La lista es interminable. El mismo "razonamiento" aplica el colectivista a fincas, automóviles, salarios, calzados, televisores, lavadoras, medicinas y alimentos disponibles en la alacena. Cualquier cosa material, cualquier bien o servicio en el que pensemos, a todos ellos el izquierdista le aplica el mismo razonamiento y la misma escala de valores: la suya propia. Con ella mide la "decencia" o "indecencia" de la riqueza. Pero, claro está, siempre de la riqueza ajena. Jamás de la propia.

Naturalmente que no haya nada de malo en tener una escala de valores. Todos la tenemos. Lo malo reside en aplicarla a lo ajeno y no a lo propio, a "meter las narices" donde no nos llamaron en lugar de ocuparnos de nuestros propios asuntos. El socialista siempre está "mirando por la ventana", a ver que puede envidiar de los demás, para criticar primero, y si consigue tener algo de poder político arrebatar después. Son "de manual".

La meta de la sociedad superior

A todo socialista le escucharemos decir -cualquiera sea la cuantía de su patrimonio- que él vive "con lo justo". Y ya sabemos. Lo "justo" lo "medido" es lo que él posee -o lo que tienen otros si es menos a lo que él posee-. Todo lo que exceda esa cota es "indecente, injusto, amoral, indigno, etc. etc. etc."

Vivir decentemente no es vivir con el producto del impuesto expoliado a mi vecino y que el gobierno reparte en forma de subsidios, prebendas, privilegios, planes sociales, o de ayudas "solidarias", etc. ¿Qué "decencia" hay en quitarles a unos los que les pertenece para darles a otros los que no les pertenece? ¿desde cuándo el robo es decencia? ¿y desde cuándo el robo se "legitimiza" porque cuenta con el apoyo de la mitad más uno de los votos del parlamento?

Con la regla de la mayoría absoluta se podría legitimar cualquier aberración, como ya ocurrió en la Alemania nazi, la Italia fascista y la Rusia estalinista. Pero como también ocurre a diario en millones de lugares del mundo donde se invoca "la voluntad" de las mayorías para llevar a cabo las aberraciones más in-imaginadas en contra de las libertades.

¿Nuevos tiempos?

Es un lugar común -en la mayoría de los análisis contemporáneos- dar por sentado que, en el año 1989, tanto el socialismo como el comunismo "desparecieron" de la faz de la tierra, o poco menos que eso. Menos los socialistas fanáticos, podemos decir que el resto de la gente "normal" piensa de ese modo. Hablan de "El fin de las ideologías".

Yo no comparto esa visión, y el propósito de este título es darle al lector alguna explicación del porque mi disidencia sobre lo que ya, puede decirse, es *un lugar común* entre la mayoría de los intelectuales sociales.

Para tratar de expresarlo con la mayor claridad y brevedad que me es posible, lo que sucedió en el año indicado fue que, algunos gobiernos en la Europa oriental de signo comunista cayeron del poder.

Esto, en principio, es algo bastante diferente a afirmar "a boca de jarro" que el comunismo "cayó" o "desapareció" o "sucumbió".

El sistema comunista *pervive en la mente* de muchas personas como ideología "potable"; los comunistas convencidos no han dejado de ser comunistas por el fracaso de la URSS o de sus países satélites, ya que ninguno de ellos considera que el sistema fracasó, sino que, por el contrario, creen que sucumbieron algunas cuestiones metodológicas que -según ellos- no invalidan al sistema como "un todo". Es decir, siguen viendo el sistema comunista como consistente, y sólo critican la metodología de aplicación, la que juzgan que fue errónea. No hacen una crítica de fondo, ni mucho menos, se hacen una autocrítica metodológica. Nada de eso. Es como decir que sólo creen que se equivocó "el camino" hacia el objetivo: la sociedad comunista, pero de ninguna manera abandonan creer que el objetivo deba ser otro diferente a este último.

Otro grupo de comunistas fervientes, opinan que, no fueron los métodos sino los hombres que los aplicaron los equivocados. Este grupo afirma que "El camino era el correcto, pero los conductores se desviaron". Finalmente, un tercer subgrupo de este grupo, postula ambas cosas a la vez: "se siguió el camino equivocado, y se confió en hombres que no tenían la pericia suficiente para conducir el carro comunista hacia el éxito".

Lo que se malinterpreta como la "caída" del comunismo, en realidad, hay que leerlo como un triunfo del intervencionismo social-demócrata o, puesto en términos más sencillos: lo que determinó el fracaso de esos gobiernos comunistas fue el hecho de que muchas personas creyeran que los métodos violentos del "estado" comunista no eran apropiados para conducir a las gentes hacia el bienestar material o económico como se profesaba antes, por lo que pasaron a creer que era necesario girar hacia una vía más "moderada", siempre sin perder de vista el objetivo final. En esa década de 1990 entonces se abandonó la pretensión de lograr la sociedad comunista y se la reemplazó por la de conseguir la sociedad socialista, es decir, dar un paso hacia atrás en el camino que conduce del socialismo al comunismo.

La meta de la sociedad superior

Pero como los socialistas, a su vez, se hallaban muy desprestigiados por haberse empeñado durante décadas que el camino al comunismo era por la vía del socialismo, se decidió dar un nuevo paso hacia atrás y volcarse hacia la *socialdemocracia*. De esta suerte, quedó configurado el mapa mundial, con naciones ex comunistas devenidas en socialdemocracias, algunas más o menos socialistas que otras, pero todas dentro del marco amplio al que da lugar el término *socialismo*, que cobija un abanico de intervencionismos más o menos graduales, de modo tal que, podemos decir que ese es el marco político y económico de nuestros días desde la falsa "caída" del comunismo.

Es importante aquí señalar que, se ha optado por la socialdemocracia –insistimos- como un camino, sin renunciar al objetivo final: la sociedad comunista. Las discrepancias que se suscitan es que, mucha gente mal informada (o mal formada) ha interpretado todos estos sucesos como la "desaparición" del comunismo, y aun también la del socialismo en el mapa mundial. He aquí el grave error que dejamos denunciado.

En otros términos, podemos ejemplificar todo esto diciendo que es como que, en una carrera, el comunismo ha disminuido su velocidad, e incluso, ha decidido dar marcha atrás, para luego tomar una envión más fuerte, sin cambiar su meta: la abolición de la propiedad privada. De hecho, hay un indudable comunismo *residual* que aun esta enquistado en el ex imperio soviético. Rusia no pasó a ser una democracia. Continúa siendo una dictadura o -como se suele decir coloquialmente- una "dictablanda". Es algo menos de lo que en su hora fue el fascismo italiano: un régimen sin ideología clara ni definida pero decididamente *estatista*. Pues bien, la Rusia postsoviética es un *estatismo* algunos escalones por debajo del fascismo italiano de Mussolini. Ha moderado mucho su expansionismo y militarismo, pero conserva bastante de su pasado exsoviético.

Otro error, no menos grave, consiste -por contrapartida- en leer todos los sucesos narrados como un supuesto "triunfo" del *capitalismo*. Suponer semejante falacia implica, sin lugar a duda, no tener siquiera la menor idea de en qué consiste el capitalismo, y ello pese a que no han dejado de haber autores que se han esmerado en su explicación (por ejemplo, Ludwig von Mises, Friedrich A. von Hayek, Murray N. Rothbard, Alberto Benegas Lynch (h) y muchísimos más).

Yo mismo he tratado de aportar mi humilde granito de arena en dicha misión[46]. Nadie que hubiera leído la enorme cantidad de trabajos publicados por los nombrados en el párrafo anterior y muchos de sus brillantes discípulos, puede sostener con seriedad ninguna, que lo que a hoy existe en la Europa oriental y en el Asia misma, se asemeja a nada parecido a un sistema capitalista. Ni siquiera en esta misma América puede decirse lo mismo.

Como sumo, podrá señalarse que, en la maraña de medidas intervencionistas que allí rigen podremos encontrar alguna que otra perdida medida aislada con cierto tinte de economía de mercado, pero el examen riguroso, tanto de los sistemas políticos de la ex naciones satélites de la órbita soviética, como en China mismo, nos informa que los sistemas allí vigentes a la fecha son intervencionismo puro, o menos puro, según sea la tendencia que este intervencionismo tenga hacia el socialismo, la que como he explicado en las obras precedentemente citadas[47], puede ser de mayor o menor grado, señalando allí como detectar unos casos de los otros.

No resulta simple ni tan sencillo como -en contrario- una mayoría de personas hoy en día lo creen, desembarazarse de la mentalidad anticapitalista que campea en la generalidad de las conciencias, no ya tan sólo del mal llamado mundo excomunista, sino, y quizás bastante más preocupante, de la que anida en la mayoría de aquellos que creen vivir y dicen "defender" un "mundo libre". Si esta mentalidad descuella entre los occidentales que se jactan de no haber padecido los horrores del régimen comunista ¿puede razonablemente esperase mucho más, o simplemente "más", de aquellos que sí, tuvieron la desgracia de sufrir aquellos regímenes?

Es cierto que el 99,99% de los observadores y analistas tipifican de "liberal" el sistema o políticas económicas del mundo actual.

---

[46] Ver la bibliografía al final de este volumen.
[47] Ver la bibliografía al final de este volumen.

La meta de la sociedad superior

Ahora bien, diré que un error, aunque sea defendido por el 100% de la población del mundo no deja de ser un error. Eso es justamente lo que ocurre con lo que el mundo de hoy llama "liberalismo".

Se trata de la célebre falacia *ad populum* o "Vox Dei", por la cual se sostiene que, si un número suficiente de personas cree en "algo", por el mero hecho de ser mayoría los que creen en ese "algo", tornan el "algo" en "verdadero". No haría explicar nada más sobre el motivo por el cual se le ha dado el nombre de falacia lógica a semejante proposición. Es casi una cuestión de sentido común.

Recordemos que allá por el siglo XV, en tiempos de Colón, una mayoría de la población europea, sobre todo en las escalas inferiores de la sociedad que constituían grandes mayorías de aquel entonces, creía que la Tierra era plana, y tildaron a Colón de loco (hoy le dirían "ultra 'ortodoxo' químicamente puro de la teoría" de la redondez de la tierra). Pero ya sabemos cómo siguió la historia. Ese porcentaje mayoritario de los contemporáneos de Colón estaban equivocados, y Colón (que representaba -quizás- el 0,00001%) tuvo razón al pensar y decir que la Tierra era redonda. Pasó lo mismo con Jesucristo, Galileo, Pasteur, Marconi, Einstein, los viajes a la Luna, etc. Un error sostenido por una mayoría (aunque abrumadora) no se convierte en verdad por ese sólo motivo como sostiene los "políticamente correctos" de nuestro tiempo.

Yo -como liberal- no me preocupo de ponerle etiquetas a la gente. Simplemente soy un estudiante que busca la verdad. No se trata de tildar a alguien de "ultra 'ortodoxo' químicamente puro" del liberalismo ni del marxismo. En realidad, esas fórmulas y etiquetas no dicen nada. Podríamos discutir años acerca de que es lo que unos y otros entendemos por la expresión "ultra 'ortodoxo' químicamente puro" y no avanzar un centímetro en la búsqueda de la verdad, que, entiendo, es el objetivo. Yo advierto que en casi todos los círculos y ámbitos de discusión la gente se encuentra mucho más preocupada por etiquetarse que en debatir sanamente en un ambiente de cordialidad y pacífico intercambio de ideas.

Pero volviendo al punto central de este tema, ¿cómo es que dicen que es "inaplicable" (el capitalismo) lo que el 99,99% de los observadores y analistas, según la mayoría, consideran que se está aplicando en este momento? No haría honor a su inteligencia si el que esto afirma no fundamenta sus afirmaciones. Cuando el detractor me pide explicaciones se las doy. Pero, en general, los críticos del capitalismo jamás tienen la amabilidad de fundamentar en razonamientos concretos porque consideran "inaplicable" el liberalismo y como se concilia dicha negación con su afirmación de que es el sistema que se está utilizando ahora en el mundo y -agregan encima- que coinciden en ello el 99,99% de los "analistas". Caso contrario, el debate carece de sentido y se transforma en un ejercicio tedioso.

Yo soy realista. Enseño economía y soy abogado, y como profesor de economía no hablo sino con los números en la mano. Y observen..., la posición del marxista no es similar ¿saben por qué? No los voy a remitir a la lectura de ninguna obra porque he comprobado que a la mayoría de la gente que conozco no le agrada leer más allá de lo que leyeron, pero el dato es sencillo. Si algún día, por casualidad, se toman el trabajo de leer con mucho detenimiento los escritos de Marx (sobre todo el *Manifiesto Comunista* de Marx y Engels de 1848) y estudian a fondo sus recetas, y luego analizan las políticas económicas de los países que se citan como "capitalistas", podrán ver que las recetas marxistas fueron instrumentadas al pie de la letra en dichos países "capitalistas" en mayor o menor grado. No es lo que decimos los liberales sobre el marxismo. Es lo que determinó el propio Marx sobre lo que debía hacerse. Y se hizo... y se hace. Marx no ha desaparecido, ha sido remozado, maquillado, actualizado, modernizado. Ya no se lo nombra, pero su espíritu vive entre nosotros.

Examinen los diez puntos del *Manifiesto Comunista* y díganme si encuentran alguno que no se haya aplicado en los países comunistas y/o de los llamados "capitalistas". Me tomé ese trabajo, amigos. Los diez puntos del *Manifiesto* se aplicaron exactamente como Marx los trazó...al pie de la letra y a ultranza en algunos casos. Y aun se sigue haciéndolo en países como EE.UU. Prácticamente toda la

La meta de la sociedad superior

legislación laboral, fiscal y educativa vigente en los países -que la gente mal llama "capitalistas"- está fundada en los diez puntos del *Manifiesto Comunista.*

Las realidades, que a todos nos gustan (a mí también) se traducen en números. Yo, como profesor de economía y analista económico, me manejo con cifras. Y los guarismos avalan mis dichos y los de mis maestros. El marxismo se aplicó al pie de la letra siguiendo la hoja de ruta que Marx y Engels trazaron. Y no solamente en los países detrás de "la cortina de hierro". Hoy vemos los célebres diez puntos del *Manifiesto* aplicados con excesivo celo en Europa y EE.UU. Nada que decir sobre Latinoamérica. Lo que irónicamente se sigue llamando, ya sin sentido, el "mundo libre". Por supuesto que, esa instrumentación admitió grados. En la URSS, China, Cuba, etc. se aplicaron al cien por ciento, y en menor escala en el resto del mundo. Pero -en suma- en una medida mayor o pequeña se adoptaron los diez puntos en todo el planeta. De haberse establecido al cien por ciento en todo el planeta, hoy el mundo estaría completamente despoblado, como cuando fue creado al principio de los tiempos.

Creo que la Escuela Austríaca de Economía y otras por el estilo (la de Chicago con Milton Friedman, Public Coice con James Buchanan y Gordon Tullock, etc.) han hecho muy bien en tratar de difundir el liberalismo en el mundo, aunque ha fracasado a mi juicio. Opino que fue tremendamente apropiada la intención de formar jóvenes talentosos y "ortodoxos" (la palabra "ortodoxo" como la palabra "fundamentalismo" -de moda en mi país, término equivalente al "radicales" de otros- no son expresiones adecuadas. Son metáforas tomadas de la religión, que significan cosas muy distintas en otras disciplinas. *Ortodoxo* es quien se aferra a un dogma. El liberalismo no es un dogma, es una filosofía en evolución. Por lo tanto, en ella no puede hablarse de "ortodoxos" ni de fundamentalistas. Sería una contradicción en términos).

Y en relación con aquellos que se proclaman, se dicen y son conocidos como "liberales" pero rinden culto al estatismo o prácticas reñidas con la democracia, es claro que su conducta es reprochable desde un punto de vista estrictamente liberal. Pero, aun de acuerdo en este aspecto, todo esto es como condenar a la Iglesia porque hay sacerdotes que son profanos y pecadores públicos. Hay que diferenciar.

Alguien puede honradamente seguir siendo cristiano y católico apostólico romano por más que conozca la historia negra de la Iglesia en el pasado con sus inquisiciones, persecuciones, hogueras públicas para los herejes y los escándalos del Vaticano en el pasado reciente. Y, en mi caso particular, seguiré siendo liberal, aunque muchos que así se tildan y son conocidos públicamente no lo sean, hasta que alguno de mis lectores me convenza de mi error (uno de los motivos por los cuales hago públicas mis ideas). Por eso es una incorrección tildarme de "ortodoxo" o "fundamentalista", "radical" o "fanático". Y no soy ortodoxo, soy flexible. Si me convencen, no tengo problema alguno en hacerme partidario de una mejor teoría. Pero no voy a dejar de ser liberal y/o pro-capitalista por el sólo "argumento" de que la mayoría (o el 99,99%) no lo es, porque ese no es un argumento.

El liberal tiene la apertura mental suficiente como para aceptar sus errores y corregirlos. Si ser "ortodoxo" es abrazar una idea que se considera como correcta, entonces, la mayoría de las personas son ortodoxas, porque casi todo el mundo tiene ideas, y si las conserva y obra de acuerdo a aquellas y -además- las hace púbicas, entonces son ortodoxos todos quienes así proceden. En esta inteligencia, también el que tacha de ortodoxo a otro es también un ortodoxo. Si "A" piensa "B" y "C" piensa "D", y por ello "A" acusa de ortodoxia a "C" por pensar "D", "C" puede hacerle la misma imputación a "A" por pensar "B". El resultado final será que "A" es un ortodoxo de "B" y "C" un ortodoxo de "D".

De tal suerte que, la práctica acostumbrada de los socialistas de culpar de ortodoxa a los liberales puede, perfectamente, replicarse por parte de los liberales inculpando a los socialistas de ortodoxia socialista.

Por esto, el uso de estas gastadas etiquetas es un ejercicio estéril y una pérdida de tiempo, que a nada conduce, y de nada sirve al crecimiento intelectual de las partes que se involucran en esta absurda "guerra" de lemas.

Lo más importante, más allá que las calificaciones y descalificaciones, son los contenidos y, al respecto, resulta verdaderamente irónico, curioso y hasta anecdótico que quienes hoy día nos avisan que "ya no hay peligro comunista" utilicen un argumento comunista para describir la situación de los trabajadores respecto de los empresarios. Porque es por todos sabido que el manido argumento que dice que los empresarios se benefician y enriquecen a costa del trabajo de la clase obrera lo invento... ¿a ver? adivinen…SI!!!...MARX (¿Marx no era comunista? Eso escuché decir a muchos comunistas, socialdemócratas, colectivistas, socialistas, izquierdistas, progresistas, etc., pero en fin...la lógica y la coherencia por encima de todo, y esta gente no sabe ni de lógica ni de coherencia). A partir de allí toda la legislación laboral existente en el mundo es de concepción (directa o indirectamente) marxista, de momento que, acepta que el trabajador puede ser objeto de "abusos" por parte del empleador. Lo que no se acepta es que esto solamente puede ocurrir en una economía intervencionista (o socialista) y no en una capitalista.

Mucha gente buena, amigos míos y otros no tanto, me dice que me "quede tranquilo", que "no hay amenaza roja" y a renglón seguido dicen que el *beneficio* de los "señores de la bolsa de valores" es por la teoría de la explotación. Conclusión: no me puedo "quedar tranquilo" con respecto a la amenaza comunista cuando se me esgrimen "argumentos" comunistas para que "me tranquilice".

El comunista más peligroso de todos es aquel que no se da cuenta que lo es, y a la vez cree que se trata de una especie en extinción. Así estamos llenos de *comunistas no comunistas*. La gran paradoja de nuestro tiempo. Yo lo llamo *el comunista mental no consciente de su comunismo ni de donde proviene* las ideas que subconscientemente abraza. No hablo ahora del fanático, ni del que ha leído a Marx, Lenin y demás por el estilo. No. Me refiero al que no sólo no ha leído nada de ellos, sino que apenas conoce sus nombres. Y, sin embargo, reproduce al hablar sus ideas. Esto es obra de la educación, a la que hemos dedicado varios trabajos[48] y que -en estrictez- hemos denominado deseducación.

Yo no estoy tildando de comunista a nadie (en alusión a esos "buenos muchachos" que se ríen de mi cuando advierto sobre la amenaza comunista). Mucha es la gente que reniega del comunismo, y al exponer sus "teorías" lo hacen de muy buena fe, y con toda inocencia mediante "argumentos" comunistas, socialdemócratas, colectivistas, socialistas, izquierdistas, progresistas, etc. que no reconocen como tales. En realidad, podemos decir que es la mayoría. Yo estoy bastante acostumbrado a ello. Algunos de mis amigos (que no dudo que no se llamarían a sí mismos comunistas por propia decisión sino por asimilación) han utilizado un argumento comunista para decirme que el comunismo no representa peligro. Y este es el peligro: no ver el peligro. No son comunistas por opción, ni por convicción, lo son por asimilación (ideológico familiar, escolar, universitaria, laboral, mediática, etc.) proceso que opera como se dice del movimiento de la estrella: *sin prisa, pero son pausa.* Por esto se sorprenden genuinamente cuando se les dice que, en su hablar se filtran de continuo palabras e ideas extraídas del marxismo. Y algunos hasta se molestan y fastidian por la observación.

En cuanto a la *teoría de la explotación*, no existe -en los mercados libres- ninguna explotación como lo demostraron desde 1871 hasta hoy los profesores de la Escuela Austríaca de Economía (C. Menger (su fundador) E. von Böhm Bawerk, L. v. Mises, F. A. v. Hayek, M. N. Rothbard, H. Hazlitt, etc.). La completa lectura de sus obras es muy provechosa y recomendable. Yo hice mi pequeño aporte como humilde colaboración a la obra de los gigantes que mencioné, con mi propio trabajo.[49]

Los empresarios -sólo en un mercado libre, no como ahora- se enriquecen vendiendo bienes y servicios que la gente estima valiosos. Se enriquecen con esos bienes y servicios (con su venta) y no con el trabajo de los obreros y empleados (como pretendió mentir Marx des-

---

[48] Ver la bibliografía al final de este volumen.
[49] Ver la bibliografía al final de este volumen.

La meta de la sociedad superior

de *El capital* y sus otros panfletos revolucionarios). La gente -a su vez- se enriquece con esos mismos bienes y servicios que prefiere comprar a no tenerlos. En el capitalismo, los clientes mayoritarios. del capitalista son sus propios obreros y empleados que, con salarios cada vez más altos compran sus productos a precios cada vez más bajos. Si no vemos esto en los casos que conocemos no se trata por ninguna otra razón sino por la cual *no nos encontramos en una sociedad capitalista.*

Además, el trabajo más pesado y rutinario de los obreros y empleados hoy lo hacen las máquinas. Es más, resulta fácilmente predecible que, si el capitalismo que fue, volviera al mundo económico de hoy con todo el vigor que lo caracterizó en pasada época, los obreros y empleados tenderían a desaparecer en esas funciones, y serían sus ocupaciones (y no ellos) reemplazadas por las máquinas, en tanto esos ex-obreros y empleados se convertirían en capitalistas al comando de esas mismas máquinas que los **liberaron** de sus pesados trabajos de antaño. La tecnificación de los procesos permite que empleados y obreros compren cada vez más ocio a menores precios. A eso alude la economía cuando expresa que *la tecnología libera trabajo* (más tiempo libre para el empleado/obrero, incluyendo mejor salario que antes de la tecnificación). Esta es una visión perfectamente realista. Todo depende del avance del capitalismo o -mejor dicho- de su restauración y liberación de la maniatada situación que padece hoy día en el mundo político y económico.

Ningún empresario se enriquece en nuestro siglo -ni en los anteriores- "con" el trabajo de los obreros y empleados. Hay si un enriquecimiento reciproco, **si el mercado es genuinamente libre**. Sólo en los países anticapitalistas los empleadores pueden explotar a los empleados, pero ni aun así se podrían "enriquecer a costa" de ellos, porque el trabajo no crea (ni jamás lo hizo) valor ni *plusvalía* alguna.

La "teoría de la riqueza" marxista demostró hace mucho tiempo ser incorrecta. Sin embargo, asistimos a su intento de resurrección en forma bastante sutil. Gente que no se llama a sí misma marxista (y hasta se ofende si se le dice "marxista") cree fervientemente en ella, y utiliza el "argumento" marxista para referirse al trabajo de obreros y empleados. Es curioso que las teorías de Marx ya no sean más marxistas, según dicen sus seguidores, sino que se hayan convertido en progresistas (discurso oficial de la socialdemocracia). Pero es inútil todo intento de separar el progresismo del marxismo comunista. A la larga se encuentran en algún punto, más tarde o más temprano.

En conclusión, vemos que hasta en los grupos de discusión y en las conversaciones cotidianas, tengo motivos para preocuparme del advenimiento del comunismo. No porque haya comunistas (no tengo problema en los haya) sino porque hay muchos que reniegan del comunismo y del marxismo y -a renglón seguido- "explican" la "realidad" a partir de las premisas marxistas. Como Dios, el comunismo está entre nosotros (aunque claramente entre ambos siempre me quedo con Dios). *Donde haya un ataque a la propiedad privada (no importa su grado de virulencia) allí hay comunismo. Si el ataque es del 1%, ello implica que el atacante (comunismo) ha utilizado el 1% de sus municiones. Pero, como el único enemigo que tiene la propiedad es el socialismo comunista el atacante siempre queda perfectamente identificado, en cualquier caso.*

Los "moderados", partidarios de las "terceras posiciones híbridas", del tipo de la llamada Tercera Vía (que ni es "nueva" ni es "progresista") al tiempo que critican al capitalismo "salvaje", niegan la amenaza del comunismo o del socialismo. Es decir, el único enemigo "real" que "existe" y "reconocen" es el capitalismo.

Pero es interesante reparar en sus "argumentos": teorías de la explotación, plusvalía, control del mercado, salarios mínimos, precios máximos, más impuestos, más redistribución, más gasto "social", etc. Es negar el marxismo con argumentos marxistas. Todo un monumento a la "lógica" más irónica.

Es muy significativa la admisión de muchos de mis amigos de su envidia a la gente que hace negocios. Noto la carga de agresión en sus palabras cuando se refieren al capital, a los "muchachos" de la bolsa, a los del celular, a los que -según ellos- "deciden", en suma, al que tiene dinero, etc. No me convence de que solamente les envidien las mujeres, como graciosamente suelen disculparse. No, para nada. Les envidian algo más.

Respecto a la duda (o mejor dicho certeza) que expresan muchos, respecto a que los trabajadores no tienen tiempo de envidiar (o que directamente "no envidian") me sigue asombrando el formidable poder de convicción que demuestran al constituirse en voceros e intérpretes de los intereses, deseos, pensamientos y emociones de la "clase trabajadora". Son una especie de casta superior que "puede leer la mente" de una "clase social" como ellos le llaman: "clase trabajadora".

Pretenden hacer un elogio de esa "clase" pero no los dejan muy bien parados al quitarles toda posibilidad de experimentar emociones, como la envidia, que ellos (los opinantes) han decretado que los trabajadores no padecen de ella. Yo, en cambio, en cuanto de emociones se trate, no me animo de hablar de nadie más que de mí. Pero, casi toda la gente que escucho ha "decidido" que los trabajadores no experimentan emociones. O mejor dicho han manifestado que de todas las emociones existentes conocidas, la clase trabajadora no experimenta ninguna emoción de envidia. Admirable.

No hay tal cosa como "clase social", pero a fin de dilucidar este punto, usemos por el momento la misma terminología socialista que usa casi todo el mundo. ¿Cuánta gente compone la clase trabajadora? Miles, millones en realidad, muchos. ¿No es admirable que alguien, algunos o muchos conozcan este detalle en miles, millones de personas? No sé, francamente, como tales amigos clarividentes, conocedores de todas las emociones positivas que experimentan los trabajadores, no se encuentran al frente del gobierno o empelados por este, con semejante clarividencia. Tremendo poder mental premonitorio bien les valdría para ganarse la lotería cuantas veces quisieran. Si pueden conocer quién sufre de envidia y quién no ¿por qué no podrían conocer qué número saldría en la lotería y cual no con idéntica certeza? ¿O carecen de esa facultad?

Significa renegar de la lógica (además de soberbia y petulancia) pretender que haya "clases sociales" que experimentan ciertas emociones y otras no. El mismo concepto de "clase social" resulta aberrante y ofensivo. Este pensamiento marxista se encuentra divorciado de la realidad. Como pensaba igualmente Marx, esta gente cree que todas las cualidades virtuosas se encuentran en la "clase" trabajadora. Los obreros y empleados son siempre "buenos", los empresarios y empleadores son siempre "malos". Este es su "razonamiento" final.

En su febril imaginación y delirio, en esa "clase" no hay vagos, delincuentes, atorrantes, envidiosos, ladrones, mal educados. Todos esos defectos sólo los pueden tener aquellos que pertenecen a la "clase" de los "cerdos" y -según ellos- los "cerdos" sólo son los capitalistas. Ningún lenguaje refinado que intentan en el debate puede disimular la intencionalidad expresa o implícita de sus palabras.

No voy a hacer ningún tipo de comparación personal, las comparaciones personales siempre son odiosas desde el momento que somos individuos y como tales únicos e irrepetibles, pero al leer o escuchar esas opiniones me viene a la mente una frase que repetía Hitler allá por 1934 a menudo: *"Yo he quitado al pueblo alemán la pesada carga de pensar. Yo he asumido por él la obligación de decidir."*

Parece que los "que saben" pueden decir lo mismo con respecto a los desposeídos, decidiendo por ellos, quienes sufren de envidia y quienes no, o más bien, decidiendo por ellos que ninguno es envidioso (admirable y envidiable omnisciencia la de quienes así hablan).

Lo cierto es que la cuestión bien planteada es la siguiente: nadie tiene motivo para envidiar si no hubiera quien le enseñe a envidiar. Y en el caso de los empleados y obreros -como L. v. Mises ha explicado- son los intelectuales los que les han enseñado a envidiar al exitoso al mentirles diciéndoles que ellos son pobres porque los ricos son ricos. Esto se aprende. No surge en la mente por generación espontánea, se asimila dentro del seno de la familia o en la escuela o en la vida al relacionarse con otros. Y así se incuba todo lo que pensamos y lo que sentimos. Por eso la educación es relevante.

Los intelectuales enseñan a la gente a envidiar, porque ellos son -en realidad- los que envidian. Entonces quieren transmitir lo que han aprendido a otros, para que sienten lo mismo que ellos sienten. Y esos mismos intelectuales son los que nos explican luego que, obreros y empleados no envidian, y tratan de convencernos también a nosotros ahora de esto último.

Sobre cómo el mercado libre ayuda a los pobres mientras el "estado" los hunde sin cesar, mucho hemos dicho[50]. Explicamos allí en detalle como las políticas *socialdemócratas*, basadas en el principio de solidaridad, hunden a los pobres (a pesar de sus inobjetables buenas intenciones) y como el mercado capitalista los ayuda. Mientras tanto, seguir repitiendo empecinadamente que Marx no era marxista -como más de un socialista corea- es una rotunda estupidez, por utilizar un término de excesiva benevolencia.

Sobre lo que venimos expresando hasta aquí, tengo un amigo con el que charlo a menudo. Dice que él no se etiqueta, ni que permite que lo etiqueten, pero cuando habla lo hace como un *socialdemócrata*. Generalmente conversamos sobre temas políticos, filosófico-políticos y económicos. Me explica -muy convencido- que el mundo camina hacia el capitalismo, que el comunismo "ha desaparecido", que los partidos comunistas se hicieron socialdemócratas, que el comunismo ya no representa una amenaza, ni lo representará jamás. Pero cuando tocamos el tema laboral me dice que -si se los deja libres- los empresarios explotan a los trabajadores. Agrega que si no hubiera leyes laborales la explotación sería mayor aún. Luego me quedo perplejo, porque todo lo anterior me lo dice en serio. No siento que me esté gastando una broma.

A mi modo de ver, este amigo mío está convencido de tres cosas *abiertamente contradictorias entre sí*:

1°. Que ya no hay comunistas ni los habrá.

2°. Que los empleadores explotan a los empleados (que como todo sabemos, es la teoría laboral del valor, columna vertebral del dogma comunista)

3°. Que a pesar de pensar así "él no es" comunista.

---

[50] Ver la bibliografía al final de este volumen.

Gabriel Boragina

Si a un comunista se lo define generalmente como una persona que razona con ideas comunistas, fácil es concluir que este amigo es comunista. ¿Por qué entonces lo niega?

Persistentemente estas cosas me dejan meditando. Y siempre -como trato de encontrarle solución a todas las paradojas como esta- barajo varias hipótesis. Enumeremos algunas de ellas:

1º. Esta persona razona como comunista, pero no se reconoce como tal. Es decir, de buena fe *cree* no ser comunista. O alternativamente:

2º. Razona como comunista y se reconoce interiormente como tal para sus "adentros", lo que pasa es que jamás lo admitiría ante otros, ni siquiera amigos.

Por el momento no veo una tercera posibilidad. El punto 1º anterior sería el supuesto de ignorancia, en tanto que la segunda posibilidad sería la de mala fe (conoce la verdad, pero la niega)

Como siempre tengo tendencia a pensar bien de todo el mundo, en el caso de esta persona -que desgraciadamente no es el único caso- me inclino a pensar que su respuesta se enmarca dentro de la primera posibilidad de las dos anteriores, es decir esta persona razona como comunista pero no se reconoce como tal. *Es decir, de buena fe cree no ser comunista.*

El problema es que la situación se asemeja a la de aquel que habiendo nacido blanco quiere convencer a todo el mundo de que es negro por la sencilla razón que -de niño- no le enseñaron bien los colores. Para peor, en su familia -y de acuerdo a las "sagradas tradiciones"- le enseñaron que el negro representa los valores de la suprema virtud. Y que él lo es. En el espejo él se ve blanco, pero a los demás les insiste que es negro convencido. Tiene invertidos los colores. Pero es un problema conceptual. Y este no es un argumento racista porque funciona del mismo modo a la inversa. Sólo se trata de una ilustración.

Rechazar que la *teoría laboral del valor* -tesis marxista- sobre la cual se edifica **todo** el derecho laboral moderno a partir del comienzo del siglo XX en forma institucionalizada en la mayoría de los países, es de origen o procedencia e inspiración comunista, no es un problema de simples "creencias" o de "apreciaciones" personales de quien esto afirma. Es un problema de la más supina ignorancia, falta de información y de lectura. Es no haber leído nunca a Marx, y ni siquiera artículos no ya escritos por Marx sino por la pléyade de discípulos que tuvo y sigue teniendo.

La *teoría laboral del valor* -que en resumidas cuentas viene a decir que todo empleador es (por el mero hecho de ser empleador) un vampiro chupasangre de sus empleados- fue y es aún la columna vertebral de todos los movimientos socialistas, muy anteriores inclusive a Marx. Es la *doctrina oficial* de los anarquistas -con muy pocas excepciones- de los socialistas utópicos, de los socialistas "de cátedra" pasando por los socialistas "científicos" -marxistas- hasta llegar a nuestros modernos y "políticamente correctos" socialdemócratas. Todo ellos, con más o menos matices, aceptan a pie juntillas que -si se los deja en libertad- los empleadores exprimirán hasta la muerte a los empleados y obreros que contraten. Todos ellos parten de la base de que el empleador -por el mero hecho de serlo- es un ser perverso, en tanto que el empleado u obrero -también por el mero hecho de serlo- es un ser colmado de bondad, dones y virtudes sin fin, sólo apto para ser víctima, pero jamás victimario. Aunque parezca mentira, esta idea es sostenida hoy día por personas adultas, inclusive "profesores" y hasta con elevados grados académicos.

Y la situación es peor todavía de lo que uno puede marginarse, porque hasta organismos internacionales -como la tristemente célebre O.I.T.- tienen a esta equivocadísima teoría marxista como la doctrina oficial de tan "alto" organismo, y así podríamos seguir, desde lo más bajo hasta lo más alto, no hay prácticamente persona en el mundo que no haya aceptado esta verdadera *columna vertebral* de la tesis marxista: la teoría laboral del valor. ¿Cómo puede decirse aún, que el mundo no es marxista? Y sigo pensando en la gente que sostiene estas "ideas" de buena fe. No me ocupo de los que -a sabiendas de su comunismo- defienden la teoría laboral del valor. En realidad, éstos últimos son menos peligrosos que los primeros.

El que *ignora* que padece un error y *cree* que lo que piensa es una *virtud*, tiene propensión a -de buena fe- tratar de convencer a los demás de su error como si fuera una verdad. Por ejemplo, si creo que el cianuro tiene virtudes curativas y lo creo de verdad, tendré tendencia a recomendar a mis amigos a consumir grandes dosis de cianuro. Si el cianuro los liquida lo atribuiré a cualquier otra razón -sobredosis, luna llena, brujería, encantos, indigestión, etc.- pero nunca al cianuro en sí mismo. Del otro lado, el que sabe que su idea es nefasta pero lo que quiere es hacer daño deliberadamente, es igual de peligroso, pero al menos es más reconocible que en el primer caso.

Si alguien me dice francamente "¡soy comunista! ¿Y qué?", ya estoy advertido y tengo identificado al enemigo y -por lo general- ante esas expresiones sé que de nada me valdrá razonar con ese tipo de personas. Ni me ocupo de esta clase de sujetos, porque conozco de antemano que sería perder el tiempo. Sería un ejercicio completamente inútil.

Creo que los liberales debemos trabajar con el grupo más numeroso: los que se creen "enemigos" del comunismo, por un lado, en tanto que -por el otro- adoptan sus doctrinas y las defienden con ardor como "verdaderas". Estos son los casos preocupantes. Y son mayorías.

Yo estoy inclinado a pensar que la generalidad de los comunistas del mundo entiende de buena fe que son socialdemócratas y creen -también de buena fe- que hay "diferencias" entre ser comunista y ser socialdemócrata. Y en cierto modo las hay, pero no de especie sino de grado. Un socialdemócrata es un grado intermedio entre un comunista -extrema izquierda digamos- y un fascista o nazi -extrema derecha-. Es esa persona que *cree* ser "moderada", o no ser "extremista". Se considera una especie de "conciliador ideológico". Pero no ve con buenos ojo al capitalismo, y "de corazón" se siente socialista, pero "no tanto".

También el socialdemócrata es una persona que *cree* que liberalismo y capitalismo están en la "extrema derecha" de su espectro ideológico, ignorando que el liberalismo y el capitalismo están tan

La meta de la sociedad superior

lejanos de "las derechas" como de "las izquierdas" (como las piensa). Cree que el impuesto "crea riqueza", cuando por definición, el impuesto es algo que se *resta* al patrimonio, la ganancia, la renta, etc. -y por simple razonamiento aritmético y lógico- *lo que se resta no puede sumar.* Si gano 5 y me cobran 3 de impuestos me quedan 2, y si los 3 del impuesto cobrado el gobierno se los da a un "pobre" que gana 2 lo que tengo es un resultado de *suma cero*, donde el resultado neto sigue siendo 5, tanto antes, durante y después de la "redistribución", lo que demuestra que ningún impuesto crea jamás riqueza sino que la resta, la destruye, porque no es igual \$5 en manos de un ser productivo que en las de uno improductivo. El socialdemócrata no entiende de verdad que esta política significa matar a la gallina ponedora de los huevos de oro. Y curiosamente, aun sabiendo aritmética y las cuatro operaciones fundamentales, en estos temas de los impuestos las matemáticas "les dan" a él otros resultados como, por ejemplo, $2+2 = 5$ o 5000. Es decir, también tenemos unas matemáticas especiales (socialdemócratas o comunistas).

Es una persona que cree que el ciudadano común es perverso y egoísta, pero que cuando se convierte en un candidato político y es electo con el 51% de los votos, hay un cambio milagroso, y que por obra y gracia del Espíritu Santo se convierte en un ser colmado de las más excelsas virtudes y bendiciones, gracias a un efecto similar al de una especie de "bautismo" político que recuerda a la antigua tesis medieval del *poder divino de los reyes* (en boga al menos hasta el siglo XVIII de nuestra era) en la cual los monarcas insistían para fundamentar su poder real.

Según esta extraña y curiosa "bendición política" que opera en el sufragio, a partir de su consagración electoral, el electo dejará de pensar de manera egoísta o defectuosa ,y de allí en más comenzará a hacerlo en términos de "bien común", lo que lo legitima a cobrar impuestos los que se da por sentado que redistribuirá con "Justicia Social", imprimir dinero, endeudar a la nación (es decir ,a los ciudadanos), aumentar el gasto público (o sea, el de todos), y mil cosas más que si las hiciera un particular cualquiera sería de inmediato atrapado y de inmediato encerrado en una cárcel.

No puede explicarnos cuales son los mecanismos *físicos, biológicos o psicológicos* por los cuales el sufragio opera este tipo de transformación en la naturaleza humana del finalmente elegido, tal y como un alimento produce un cambio hormonal o celular en un tejido. Ante la pregunta adoptan algunas de estas actitudes: 1) guardan silencio, 2) repiten obstinadamente que "Vox populi, Vox Dei", 3) nos acusan de "dogmáticos" -típica defensa socialdemócrata-, 4) se ríen o se burlan de nosotros, y/o 5) nos insultan. Estas reacciones típicas de los socialdemócratas se pueden dar en forma aislada o conjunta. Pero, eso sí, explicaciones, razonamientos, argumento, jamás.

Pero es inútil. Para aquellos que pretenden establecer diferencias tajantes entre socialismo y comunismo consideramos que se equivocan. Lamentablemente, los estudios más concienzudos realizados hasta el presente no permiten establecer oposiciones tajantes entre socialismo y comunismo. No hay una diferencia de especie sino de grado entre ambos sistemas. De allí que, resulte razonable concluir que el socialismo sólo es una forma atenuada de comunismo, y que por el camino de la socialdemocracia se llega irremisiblemente al comunismo como ha tenido oportunidad de mostrar Ludwig von Mises en todos sus escritos. Para que no se caiga en el error de considerar que se trata de una concepción "economicista" recurrimos a un profesional ajeno al campo de las ciencias económicas. Nos referimos al prestigioso sociólogo Carlos Sabino quien en su diccionario nos da la definición del concepto de "socialismo" al que nos referimos aquí. (Ver la pagina 74 de este libro).

Como advertimos entonces, no se trata de una noción meramente "economicista", sino que, desde el punto de vista sociológico, también el socialismo se considera solamente una forma moderada de comunismo. Es la práctica la que permite confirmar que todo socialismo desembocó en comunismo, y no existe ninguna razón, ni práctica, ni teórica para suponer que las cosas vayan a suceder de modo diferente con las variantes socialistas del tipo "Tercera Vía" y otras concepciones intervencionistas (hibridas, mixtas, combinadas, etc.).

Tampoco es -en el fondo- un problema de rótulos. De lo que se trata es de investigar el contenido del "envase" y no quedarse en la "etiqueta". Si algún autodenominado "socialista" defiende las privatizaciones, la propiedad privada de los medios de producción, la desregulación de los mercados, la baja de impuestos, la menor presión fiscal, la libertad de los mercados, de tránsito, de prensa etc. y a ese contenido de enunciados le pone la etiqueta de *socialismo*, pues bien, no habría hecho otra cosa más que contribuir a su propia confusión conceptual y al caos de todo lo que ha elaborado la doctrina más seria sobre el tema con el devenir de los años.

Si todo el mundo conviene en que una tabla de madera o de otro material apoyada sobre cuatro patas del mismo material o de otro recibe el nombre de *mesa*, y luego *alguien*, un grupo o persona, pretende que dicha estructura, en realidad, debe llamarse *bicicleta*, en rigor carece de importancia en cuanto a la esencia del objeto. Sólo se agregará un elemento adicional de desorden en la medida que las palabras signifiquen algo para aquellos que las utilizan. Sabido es que todo lenguaje es convencional. De allí que sea de suma importancia aclarar el alcance que le damos a las palabras que se utilizan en el debate si es que la intención es entendernos.

Derechos humanos

Vivimos en una época en la que se rinde culto a los llamados "derechos humanos". Pero ¿qué son -en rigor- los derechos humanos? Es que, como agudamente pregunta el profesor Alberto Benegas Lynch (h) ¿existiría la posibilidad de derechos NO humanos? O en términos más sencillos y directos ¿pueden existir derechos Inhumanos? Creemos que -como también señala el autor citado- los derechos siempre son humanos, y en esa línea, es correcto recusar la expresión como de *pleonasmo*.

El diccionario usual no nos ayuda mucho tampoco en la tarea de encontrarle un significado *preciso y concreto* a la locución objeto de análisis. Tras una larga lista de acepciones (16 para ser más exactos) el diccionario nos dice del derecho en general:

> "9 m. Facultad de hacer una cosa no prohibida o de hacer o exigir todo lo que la ley o la autoridad establece en nuestro favor o nos permite quien puede hacerlo: derechos humanos, conjunto de facultades y garantías que cualquier persona debe tener para proteger su integridad física y su dignidad moral."[51]

Un liberal no tendría nada que objetar a este tipo de definiciones, a pesar de lo cual, sigue siendo cierto que la expresión "derechos humanos" es abusivamente redundante, porque si el derecho es esa "facultad de hacer" o "exigir", va de suyo que sólo un humano puede "hacer" y "exigir", y no un mineral, ni un vegetal o animal. Caso contrario, si resulta necesario (o ineludible) calificar la palabra "derecho" con el adjetivo "humano" ello sólo podría deberse a la presunta existencia pasada, presente o futura de "derechos" en otro tipo de entes no humanos y así, nos veríamos forzados a admitir, la existencia de otro tipo de derechos no humanos, tales como derechos minerales, derechos vegetales y derechos animales, pero otra vez, volvemos a encontrarnos con que la expresión "derecho" es en el fondo y en sustancia, esa facultad de *hacer o exigir* que bien dice el diccionario, y no tenemos ningunas noticias de animales, plantas o minerales que hayan "exigido" en el pasado o lo hagan en el presente, el reconocimiento y aplicación de sus hipotéticos "derechos". Si, en cambio, tenemos noticias de humanos que han ejercido y ejercen hoy día tal facultad de hacer o exigir la protección de (además de personas); minerales, vegetales y/o animales, lo que, como todo buen jurista sabe, no es ninguna otra cosa que el ejercicio de un derecho (en la acepción tradicional y veraz del término *Derecho*, sin calificativos) cuyo titular siempre es una persona (obviamente humana) sobre una cosa (res); ya que en el mundo real y jurídico, todo lo que no es humano (o persona) es cosa

---

[51] "derecho, -cha", Enciclopedia Microsoft(r) Encarta(r) 99. VOX - Diccionario General de la Lengua Española, (c) 1997 Biblograf, S.A., Barcelona. Reservados todos los derechos.

,y dentro de la categoría de "cosa" entran, naturalmente, los reinos mineral, vegetal y animal. Veamos unos ejemplos.

Una ley que prohíba la deforestación de un bosque no es una ley o un derecho "del" bosque, es una ley creada por *personas* que prohíben una acción o hechos de (y a) otras personas sobre un objeto o cosa (un bosque). Los sujetos activos y pasivos de la norma legal son hombres, personas (es decir, como el lector ya habrá advertido, humanos). Y el *objeto* de la norma es una *cosa* (en el ejemplo, el bosque).

Una ley -en otro ejemplo- que prohíba y castigue la caza de la ballena no es una ley o un derecho "de la" ballena o "de las" ballenas; es una ley creada por personas (no ballenas, claro) que prohíben una acción o hechos de (y a) otras personas (tampoco ballenas) sobre un objeto (una o más ballenas). Los sujetos activos y pasivos de la norma legal son hombres, personas (es decir, como el lector ya habrá advertido, humanos). Y el objeto de la norma es una cosa (en el ejemplo, la ballena). Seria absurda una ley que prohibiera por ejemplo a las ballenas pelarse entre sí. ¿se imagina alguien a una ballena planteando una demanda judicial patrocinada por otra ballena "abogada" contra una tercera ballena por un conflicto inter ballenas? ¿se advierte el ridículo de hablar de un "derecho animal"?

Ordinariamente este sería un tema sobre el cual debería ser innecesario escribir absolutamente nada, si no fuera por la *aberración jurídica* sucedida en Argentina donde un tribunal nacional llegó al extremo de otorgar un "derecho" de *habeas corpus* a un simio. Veamos en que me fundamento para calificar el fallo de *aberración jurídica*.

Según el derecho argentino los animales son COSAS, y como tales no pueden tener "derechos". Es decir, son OBJETO de derechos, pero jamás pueden ser SUJETOS de derecho. A tal fin, transcribo meramente dos artículos del Código Civil argentino que resultan claros al respecto:

"ARTICULO 2.527.- Son susceptibles de apropiación por la ocupación, los animales de caza, los peces de los mares y ríos y de los lagos navegables; las cosas que se hallen en el fondo de los mares o ríos, como las conchas, corales, etc., y otras sustancias que el mar o los ríos arrojan, siempre que no presenten señales de un dominio anterior; el dinero y cualesquiera otros objetos voluntariamente abandonados por sus dueños para que se los apropie el primer ocupante, los animales bravíos o salvajes y los domesticados que recuperen su antigua libertad."

" ARTICULO 2.528.- No son susceptibles de apropiación las cosas inmuebles, los animales domésticos o domesticados, aunque huyan y se acojan en predios ajenos..."

Lo mismo aplica a otros ejemplos, como el de los árboles, lagos, bosques, etc.

Analicemos ahora los distintos conceptos jurídicos implicados en la discusión legal que se ha dado sobre este tema:

"**Objeto**: Materia o asunto que sirve al ejercicio de las facultades mentales. | Cosa. | Fin o intento a que se dirige o encamina una acción u operación (Dic. Acad.).

En esta última acepción es, pues, la finalidad que con el acto u operación se persigue.

Capitant define el objeto como la prestación sobre la que recae un derecho, obligación, contrato o demanda judicial. El de un contrato será la o las obligaciones que de él se derivan. El de una obligación, lo que incumba realizar a la persona obligada.

No hay que confundir el objeto de los actos jurídicos con la causa ni con su motivo (v.)[52]

"**Objeto del Derecho**: Las personas, las cosas y las acciones judiciales, en toda su complejidad, constituyen tal objeto o el de las relaciones jurídicas.

A ese enfoque, sobre el contenido, el Diccionario de Derecho Usual, considerando el objeto como finalidad, y recordando

---

[52] Ossorio Manuel. *Diccionario de Ciencias Jurídicas Políticas y Sociales*. - Editorial Heliasta-1008 páginas-Edición Número 30-ISBN 9789508850553. pág. 634

las extremas divergencias doctrinales, agrega que el Derecho pretende establecer o restablecer las relaciones justas, pacíficas y bienhechoras entre los hombres por la regulación normativa y su efectiva exigencia, cuando proceda y se actúe."[53]

"Bien semoviente: El que puede moverse por sí mismo, y como eso únicamente pueden hacerlo los animales, a ellos está referido el concepto. De ahí que el Diccionario de la Academia se limite a decir que son semovientes los bienes que consisten en ganados de cualquier especie. Jurídicamente constituye un tipo de bien mueble (v.)[54]

"Sujeto: Substantivo. Persona en general. | Titular de un derecho u obligación. | Persona cuyo nombre se ignora o se calla."[55]

Del juego de estos conceptos resulta entonces claro que los animales no pueden ser sujetos de derecho, porque como a todo derecho corresponde una obligación, también tendrían que ser sujetos de obligaciones, y va en contra de la naturaleza más elemental pretender cosa semejante.

Otros defensores de los "derechos del animal" han intentado encontrar un "atajo" por el lado de un cambio de expresión. Y en lugar de hablar de "sujetos", intentar variar el calificativo por el de "personas no humanas". Citan como ejemplo a las *personas jurídicas*. No creo que cambien demasiado mis conclusiones negativas expuestas anteriormente si -en lugar de hablar de "sujetos de derecho"- pasamos a hablar de "personas de derecho". Es un simple giro terminológico y nada más que eso.

El concepto de "persona" es una ficción jurídica, y lógicamente también lo es el de "persona jurídica". Las sociedades civiles y comerciales -bien lo sabemos- también son "personas no humanas". En lo personal, prefiero la expresión de Dalmacio Vélez Sarsfield que las

---

[53] Ossorio Manuel. *Diccionario de Ciencias*…. ob. Cit. pág. 634
[54] Ossorio Manuel. *Diccionario*…Ob. Cit. Ídem. Pág. 115
[55] Ossorio Manuel. *Diccionario*…Ob. Cit. ídem. Pág. 921

llamaba "personas de existencia ideal" que es la que más se ajusta a la realidad (siempre a mi entender).

Más que de "construcciones jurídicas" que -al fin de cuentas- son todas *construcciones imaginarias*, a mí -como abogado- me gusta hablar de "realidades". Lo relevante de todo esto es que, las "personas jurídicas" o "ideales" no pueden actuar por sí mismas, sino por medio de sus representantes legales, que siempre son HUMANOS como todos sabemos. Lo mismo pasaría si se nos ocurriera declarar "personas" a los animales. Porque lo significativo, desde lo jurídico, no es la "etiqueta" o el "rótulo" …sino que la pregunta clave es ¿cómo actuaria y se desenvolvería esa "persona" (en el caso "no humana") en el mundo jurídico? Caso práctico: ¿Cómo reclamaría por sus "derechos" un caballo declarado legamente "persona", al que su dueño no le da alfalfa? Otro caso práctico: ¿Se espera que un canario al que su dueña no le da alpiste, llame por teléfono a su abogado para demandar a su dueña por malos tratos o falta de alimento?

La cuestión de fondo sigue siendo la misma siempre, en cuanto al ¿cómo ejercitarían los animales "su" hipotético "derecho" en el caso que la ley se los reconociese? Es más ¿cómo se enterarían los animales que han sido beneficiados por tales leyes? ¿A través del Boletín Oficial? ¿Los diarios? ¿Internet? ¿Podemos imaginarnos a las gallinas de corral yendo a comprar el Boletín Oficial para enterarse de las últimas novedades legislativas en torno a los "derechos del animal"? Estas preguntas, cuyas respuestas conocemos (al menos las personas cuerdas deberían), denotan lo irracional de todo este tema.

Esta *reductio ad absurdum* sirve para demostrar cuales son las preguntas que deberían responder los partidarios de otorgar "derechos" a los animales, ya sea que se los considere "sujetos" o "personas", lo cual -desde mi punto de vista- no modifica en absoluto su más completa imposibilidad.

Personalmente, y como liberal, me parece perfecto y magnífico que se promulguen leyes que protejan la flora y la fauna en todo el mundo, pero esto, en modo alguno implica aceptar el absurdo de pretender de que dichas leyes constituyen un "derecho animal" o un "derecho de los animales", ya que entiendo sería una verdadera animalada pretender dicha cosa.

Todo esto que parece tan obvio, tan sencillo y tan de sentido común, curiosamente, hoy por hoy, en nuestros días y en nuestra cultura occidental no lo es, fruto de la permanente tergiversación de las palabras y vocablos que hicieron y hacen los colectivistas a diario.

¿Y qué tiene que ver la izquierda socialista aquí? Mucho. Cualquier lector informado sabe perfectamente que la expresión "derechos humanos" es otro de los tantos conceptos robados por las izquierdas, apropiado a la fuerza por tales personas para prostituir su significado y hacerlo funcional a sus objetivos ideológicos y políticos. El tema es vasto, no tenemos mucho tiempo ni lugar en este libro, y sólo analizaremos unos pocos aspectos que prueban lo que afirmamos, a pesar de lo cual, hay abundante y excelente bibliografía sobre el mismo, la que, obviamente, recomendamos.

Pero antes de pasar a nuestra propia interpretación examinamos otra definición más:

"**Derechos humanos**. Hacia 1970 empezó a circular en el lenguaje internacional esta expresión, que en principio parece superflua, por cuanto su contenido no difiere del tradicionalmente designado como *derechos de la personalidad o derechos individuales* (v.). Tal vez, aunque con escasa conciencia en los más, se quiera aludir al espíritu y a la letra de la *Declaración Universal de los Derechos del Hombre* (v.), aprobada por las Naciones Unidas en 1948. En todo caso, cuando de *derechos humanos* se habla por diplomáticos, políticos y periodistas se hace referencia casi siempre a una transgresión supuesta o real del respeto que el hombre merece como individuo, como ciudadano y como integrante de la comunidad universal. De manera más singular aun, tales violaciones se denuncian en algunas repúblicas iberoamericanas que han padecido procesos demagógicos o soportan el flagelo de la *subversión social* (v.), con reacciones vehementes, de las que no pueden estar ajenos ni el error frecuente ni siquiera el exceso cuando los represores no sólo sirven la vindicta pública, sino que también encuentran satisfacción corporativa de una venganza específica.

Lo notable es que los que más recuerdan los derechos humanos en países ajenos son los que sistemáticamente y desde su misma instauración los han atropellado de fronteras para adentro para con sus súbditos, y, más allá de sus límites fronterizos, en invasiones ocasionales o en las enquistadas en sus zonas de influencia, precisamente en los sistemas colectivistas, que se prevalen de su poderío bélico potencial para impedir toda investigación acerca de la materia."[56]

Indudablemente, esta definición supera en mucho la que dimos en primer lugar, pero, de cualquier manera -y como toda definición de diccionario- no agota el tema, ni toma posición sobre lo que define, cosa que procuraremos hacer nosotros seguidamente.

Las izquierdas, además de pretender despropósitos tales como que los minerales, vegetales y animales son o "merecen" ser "titulares" de "derechos", utilizan la expresión "derechos humanos" no como sinónimo de lo que hemos definido como *derecho* "a secas" sino como equivalente de la dicción "derechos sociales" o "derechos obreros" o -como dirían los marxistas- "derechos proletarios" o "del proletariado". Sólo y exclusivamente en este sentido los colectivistas utilizan la expresión derechos humanos. Quien piense otra cosa se engaña, y esto, justamente (engañar) es lo que desean hacer con la gente los colectivistas.

Por ello, han cargado de un significado poco o nada sospechoso la fórmula "derechos humanos", al punto tal que, hoy en día, ya casi nadie reflexiona detenidamente sobre ella, y la mayoría de las personas con las cuales se conversa, hablan de "derechos humanos" sin que les llame la atención ninguna de las cosas que hemos señalado al comienzo del tema.

---

[56] Ossorio Manuel. *Diccionario de Ciencias Jurídicas Políticas y Sociales.* - Editorial HELIASTA-1008 páginas-Edición Número 30-ISBN 9789508850553 pág. 313

La meta de la sociedad superior

De esta manera, el colectivista puede disimular perfectamente la diferente significación que le está dando al término "derechos humanos". De ningún modo al hacerlo, está pensando o aludiendo al conjunto de la humanidad, en absoluto, ya que, en dicha voz, el colectivista deja deliberadamente fuera a un numeroso grupo de personas, que para el marxista no son humanos o, según él (o ella) no merecerían serlo. En esta lista de personas que el colectivista no considera humanos y, por ende, tampoco merecedores de derechos, se encuentran una amplia gama de individuos y de grupos sociales, por citar sólo algunos, por ejemplo: militares, policías, gendarmes, etc. englobándolos dentro de la categoría de los uniformados en general.

Esto viene de Marx (como casi todo) ya que según el marxismo las fuerzas armadas y de seguridad sólo se constituyen para "proteger los derechos de la clase explotadora" (capitalista). Son -conforme el marxismo- el "brazo armado" de la burguesía. Por eso, cuando gobierna un partido o presidente anticomunista o no-comunista, el socialismo es antimilitarista y, viceversa cuando gobiernan ellos. Los ejemplos vivos de lo anterior son Cuba y Venezuela, donde rigen dictaduras militares socialistas, que jamás reciben críticas de la izquierda internacional, pero si abundantes elogios, porque -en ese sentido- le cambian el rótulo y pasan a ser las "fuerzas gloriosas de la revolución" dejando en ese mismo momento de ser "las fuerzas represoras de la derecha" siendo las mismas personas en un caso como en el siguiente.

Otros grupos de personas que el colectivista *excluye* de la frase "derechos humanos"; abarcan los políticos, periodistas, profesores, sacerdotes, religiosos, etc. que ha etiquetado como de "derecha" o "centro"; y luego, -sin importar demasiado si son "de derecha" o no-, también excluye el colectivista de la categoría humana, a los grandes y medianos capitalistas de cualquier condición, y respecto de los pequeños capitalistas estos quedan en "observación" y bajo sospecha, en tanto se les pueda acomodar la etiqueta de colectivista o no. Si caen en la desgracia de ser rotulados por la izquierda como de "derecha", ellos tampoco serán merecedores de sus "derechos humanos".

Así pues, resulta claro al leer o escuchar a los colectivistas darse cuenta (aunque no se pueda racionalmente entender) *quienes para ellos son humanos y quienes no,* y por lo mismo, a quienes se refieren cuando hablan de los "derechos humanos", a quienes incluyen y a quienes excluyen. Resulta claro -de acuerdo a esto- que una importante porción de la humanidad queda excluida por parte de los socialistas de la condición humana. Esto explica de gran manera los crímenes en masa cometidos por los soviéticos, chinos y demás países asiáticos que abrazaron el socialismo, y en América los de los hermanos Castro en Cuba.

Como ya dijimos más arriba, un liberal nada tendría que objetar -a mi modo de ver- a la definición que dimos en la página 126.

Pero, como dejamos explicado antes, un colectivista no usa la expresión "derechos humanos" en este sentido, por el contrario, nunca se refiere a "cualquier persona", siempre piensa o habla de grupos concretos, jamás de personas, y tampoco lo hace con relación a cualquier grupo, sino a específicos y determinados, que van cambiando, conforme las épocas, las modas y sus caprichos. *No sólo no se refiere a cualquier persona, sino que ni siquiera se refiere a personas.*

Esos grupos que, según los colectivistas, son portadores o merecedores de "derechos humanos", históricamente comprendieron a los "proletarios, trabajadores, obreros, marginados, excluidos, pobres, desamparados, vulnerables", y, en versiones algo más recientes, a las llamadas "minorías", entre las que se destacan las raciales y étnicas, que a veces coinciden o no, con las religiosas (generalmente no coinciden por la proverbial anti religiosidad del socialismo). También se subrayan entre los grupos "merecedores" a granel de "derechos humanos" los *ecologistas, homosexuales, transexuales, lesbianas, indigenistas, feministas, animalistas, abortistas* y algunos más. Y como no podía ser de otra manera señalan como enemigo común de estas grupas ¿a quién? Si amable lector: otra vez al *capitalismo.*

La anterior descripción, según los colectivistas, es lo que ellos llaman lo "políticamente correcto". Fieles a la *dialéctica marxista* enseñada por su sempiterno maestro Karl Marx; los colectivistas definen

La meta de la sociedad superior

casi todo por *exclusión* (recordemos que su forma de "razonar" es dialéctica, es decir, siguen rigurosamente el esquema siguiente: Tesis, antítesis, síntesis, en ese orden), y en este tema, si determinados grupos son -según el marxismo- merecedores de "derechos humanos", eso implica para ellos, que todo aquello que se le diferencie de lo predefinido (su antítesis) no los merecen. De este modo, para un marxista no merecen derechos "humanos" algunos de estos grupos por exclusión: los *capitalistas, los ricos, los jefes, militares, policías*, etc. o los que no pertenecen a su raza (el "moderno" indigenismo, por ejemplo), su religión, los anti ecologistas, heterosexuales, anti abortistas, etc. El criterio de *exclusión* es, como vimos, dialéctico, y es lo que para ellos determina quienes merecen y quienes no merecen derechos "humanos". Dependerá de lo que ellos consideren o no como *humano*. No todo lo es para el socialista.

¿Hay algo nuevo en esto que difiera del antiguo marxismo original? Nada en esencia, ya que según se observa, los colectivistas siguen fieles a la división de la humanidad en "clases", idea que ya en su tiempo logró popularizar Platón[57]. La antigua idea de "clase social" que Platón parece haber sido el primero en defender, está implícita y vigente en la actual de "derechos humanos" monopolizada por el colectivismo de hoy.

¿Por qué razón de "defender" a "mayorías" (proletarios, obreros, trabajadores) y reclamar para ellas derechos "humanos" los colectivistas dejaron de hacerlo y eligieron en su lugar a algunas (no todas, recordémoslo) minorías? Hay varias explicaciones posibles. La más importante -a mi modo de ver-, es el *grave yerro* de la profecía marxista por la cual -según ella- las masas proletarizadas crecerían sin parar pauperizándose progresivamente, al tiempo que el capitalismo se extendía ("más pobres muy pobres que ricos muy ricos") ya que ocurrió exactamente lo contrario a lo profetizado por el marxismo, porque ,al tiempo que el capitalismo se extendió (donde lo hizo) los proletarios, lejos de aumentar en número y ser más pobres, disminu-

---

[57] Vid. Karl R. Popper, *La sociedad abierta y sus enemigos*. Original en ingles *The Open Society And its Enemies*.

yeron numéricamente y fueron más ricos (o -si se prefiere- menos pobres que -en esencia- es lo mismo que decir más ricos). Además, como efecto de esto, muchos de aquellos ex proletarios dejaron de tener ideas marxistas y abandonaron todo apoyo a ese ideario, que en sus propias economías domésticas comprobaron como falso. No es que automáticamente "se pasaron" al capitalismo, nada de eso, simplemente dejaron de creer en el socialismo (mientras veían mejorar sus situaciones económicas se fueron dando cuenta que ya no necesitaban ninguna "revolución proletaria").

Los izquierdistas más honestos tuvieron que admitir (algo sorprendidos quizás) estos hechos, aunque es verdad que la mayoría de ellos los niegan obstinadamente, a la vez que no explican el por qué dejaron entonces de hablar en nombre de esas mayorías y pasaron rápidamente a ocuparse de las minorías raciales, étnicas, sexuales, religiosas, etc. La realidad es que la "clientela" política cambió y ellos tuvieron que cambiar también sin quererlo y sin que estuviera en sus planes sólo para no extinguirse, y se puede decir que les está yendo bastante bien en esa reconversión engañosa que tuvieron que comenzar a realizar una vez caído el muro de Berlín en adelante.

En el fondo, el debate sigue siendo conceptual y teórico, y esto se observa en el rebrote de los autollamados "nacionalismos"; donde, en realidad, estos nacionalismos se auto etiquetan y se diferencian -a sí mismos y por si mismos- por la ideología que mutuamente se atribuyen, por ejemplo, actualmente (y eso no es, por cierto, nuevo) se comete el gravísimo error de identificar sin más, al capitalismo con los Estados Unidos de América del Norte. Nosotros -y otros- hemos explicado hasta el cansancio él porque es un error[58], y dimos los argumentos respectivos, hasta hoy no refutados por nadie. De todos modos, la cultura socialista -dominante por doquier- logró imponer la idea y sobre la base de ella, se habla y se cree que todo lo antiamericano es (y debe ser) anticapitalista y viceversa. Nuestra cultura está plagada de este tipo de simplificaciones, reducciones y absurdos que prácticamente leemos y escuchamos en todas partes.

---

[58] Ver la bibliografía al final de este volumen.

La meta de la sociedad superior

Hace relativamente poco, alguien (estudiante universitario para mayores datos) en una conversación, hablando de otra persona que había conocido, me dijo textualmente que esa persona era "muy capitalista porque hablaba en inglés". Este modo de "razonar" es producto de la ideología y la cultura marxista que nos invade masivamente actualmente. Lo preocupante del episodio es que no puede considerarse a quien me lo dijo como a alguien sin cultura, ni de escasas luces (conforme los cánones actuales) diría que, por el contrario, es un exponente típico de nuestra "moderna cultura".

El liberalismo, por su parte, y como tantas veces lo hemos mencionado, es auténticamente ecuménico, no se limita a proteger determinados "grupos" o "clases". Los abarca a todos sin excepción en su defensa, y concentrando su especial atención en el núcleo auténtico y real de todo grupo, sin el cual el grupo -sencillamente- no existiría: *el individuo, la persona*, siendo este el verdadero interés y esencia de liberalismo capitalista: la defensa de los derechos de todos y cada uno, para lo cual no necesita caer en *artilugios semánticos* tales como disfrazarlo detrás de la expresión "humanos". Para un liberal está plenamente sobrentendido que no hay derecho que no sea humano, y que estos derechos no pueden ni deben distribuirse según se pertenezca a un grupo y no se pertenezca a otro, siendo todas las personas, todos los individuos, por el mero hecho de serlo, merecedores de derechos.

Obviamente, un liberal no tolera la violación de derechos y, por lo tanto, no defenderá los "derechos" de quien viola derechos, por ejemplo, un probado delincuente. Tiene el liberal en claro que a todo derecho corresponde una correlativa obligación de todos los demás a respetar ese derecho, y alguien que viola un derecho, no tiene derecho, es decir, no tiene un derecho a violar el derecho de otro, tesis opuesta está a la de los grupos de izquierda y en esa esencia a cualquier clase de colectivismo.

Como dijimos antes, la doctrina de los derechos "humanos" entendidos a la manera colectivista ha generado un muy peligroso concepto, el de los "delitos sociales". Estamos frente a una trampa que nos pinta de cuerpo entero a los colectivistas, como ya explicamos arriba, *por caprichosa exclusión* los colectivistas niegan "derechos humanos" a todos aquellos grupos que, en su ideología, representen "el poder" o que, según sus antojadizos dogmas, ostenten o estén en posibilidad de ostentar ese poder.

En este grupo, entrarían los uniformados (militares, policías, guardias, fuerzas de seguridad en general) siempre y cuando no representen una fuerza que responda y respalde a gobiernos socialistas (como ya mencionamos sucede en Venezuela y Cuba). Por razones dialécticas, los colectivistas niegan "derechos humanos" de unos y los reconocen en su antítesis; y según esta doctrina, el delito tendría su "origen" en la mera existencia de fuerzas del orden o de represión, razón por la cual; conforme la tesis colectivista, deberán negarse derechos "al poder" (que estaría representado por tales fuerzas del orden, seguridad y represión) y otorgárselos sin más al delincuente, por el mero hecho de ser la delincuencia -siempre según esta teoría izquierdista- un "efecto" (que no causa) de la existencia del poder.

La tesis es falsa, no resiste ningún análisis serio, pero está ampliamente difundida y especialmente aceptada en nuestros días. Ciertamente -y por fortuna- el delincuente particular forma parte de una minoría y por ser tal, absurdamente, los colectivistas le reconocen derechos "humanos" sin más. La teoría es aberrante, artificial y peligrosa, sin embargo, lamentablemente se está extendiendo velozmente, a la par que beneficia a grupos e individuos terroristas.

Como el objetivo colectivista/izquierdista es el poder político (total o parcial) el anterior argumento (la defensa de la delincuencia común) es *funcional* a ese objetivo, porque le sirve de excusa y pantalla a la vez, para disculpar cualquier acto de violencia proveniente de la misma izquierda. Al delito común y corriente se le da la lectura de simple "disconformidad social", lo que habilita a la izquierda a colarse detrás de esta máscara y poder producir disturbios de distinto signo que minen al gobierno de "derecha" (según ellos) y les allane el camino al golpe de estado que les permita el acceso al poder tan ansia-

La meta de la sociedad superior

do. Se trata de una estrategia muy antigua ensayada desde Marx en adelante.

Uno de los impulsores de esta truculenta teoría es "Amnistía Internacional"; una organización (supuestamente "ONG") que posa de "imparcial" y defensora de los derechos "humanos". El análisis minucioso de sus documentos (disponibles en su sitio web y ampliamente difundidos, además, por la prensa "progre") descubren al lector avispado y atento, que esta organización en apariencia "benéfica" e "imparcial", sólo posa de ello. El núcleo de tales documentos es que toda ley de un Estado que prevenga o castigue actos terroristas, es una ley que está violando potencialmente derechos "humanos".

La trampa consiste en pseudo "razonar" que, como el delincuente forma parte de una minoría, ello lo convierte automática e instantáneamente en víctima y jamás en victimario, y el formar parte de esa minoría "oprimida" por el "poder" sería lo que lo "empuja" al delito. Este absurdo desconoce la relación causal, invirtiéndola, ya que *no es que existen delincuentes porque existen policías sino a la inversa, existen policías porque existen delincuentes.*

Las consecuencias de estas "doctrinas" están a la vista en las estadísticas de casi todos los países donde ella campea: crecimiento desmesurado de la tasa de criminalidad ,y es una consecuencia lógica de la misma; si se le da la posibilidad al delincuente de considéraselo una "víctima social del sistema", naturalmente ello implica dar rienda suelta al crimen, lo que es funcional a los planes colectivistas, que siempre fueron hacerse de ese poder que fingen denostar, y siempre desde Marx a nuestros días, han postulado la violencia como el medio idóneo para arribar y obtener dicho poder.

Es cierto que la violencia "de arriba" engendra la violencia "de abajo", pero esto no justifica que la violencia "de abajo" se ejerza contra sus otros pares "de abajo". Para ser coherentes con su discurso revolucionario, los socialistas -que defienden esta aberrante teoría del "delito y del delincuente social"- deberían ejercer su violencia en represalia contra los "de arriba" (como ellos designan a los gobernantes) y no contra los "de abajo". Normalmente, la izquierda, cuando se violenta, no ejerce su agresión contra el gobierno que tilda de "opresor" sino que la dirige contra la población pacifica, a los que -supuestamente- esa izquierda llama "los de abajo" para diferenciarlos de los "de arriba" (gobernantes). Pero aquí también (y tal como ocurre con todas las construcciones semánticas de los socialistas) cuando ellos hablan de "los de abajo" no se refieren a todos los gobernados, sino que solamente con esa expresión aluden a si mismos, a su propio grupo ideológico: la izquierda socialista. Esa violencia es terrorismo puro, como el que vivió la Argentina por parte de los terribles y sanguinarios asesinos grupos guerrilleros en la década de 1970.

El discurso de la izquierda para justificar todos estos despropósitos son la defensa de los "derechos sociales", y esta repetitiva muletilla socialista tiene amplia aceptación entre la gente que dice "no ser" socialista.

Es frecuente que se diga que los "derechos sociales" han de prevalecer sobre los derechos individuales. De allí que resulte de vital importancia establecer -con la mayor claridad y precisión posible- qué es lo que se entiende por unos y otros "derechos" y –fundamentalmente- si existen en esencia "derechos" que pueden ser diferentes en el modo apuntado. Comencemos entonces desde una visión dada por el iusnaturalismo que resulta enriquecedora a este respecto:

> "Contemporáneamente también han distorsionado el significado del iusnaturalismo los patrocinadores de los llamados "derechos sociales", los cuales se traducen en seudoderechos. Esto último es así debido a que para otorgar a alguien los aludidos "derechos sociales", necesariamente, se lesiona el derecho de otra persona, lo cual vulnera, el aspecto medular del iusnaturalismo, cual es el reconocimiento de derechos a todas las personas. A todo derecho corresponde una obligación; la propiedad de alguien implica la obligación universal de respetársela; en cambio sí, por ejemplo, se pretendiera otorgar a alguien el "derecho a la vivienda" esto implicaría que un tercero

tendría la obligación de proporcionársela sin que éste haya contraído deuda con el supuesto "sujeto de derecho".[59]

Bajo este concepto se advierte claramente que los designados "derechos sociales" implican, en contexto, un despojo o la petición de tal, habida cuenta que imponen una carga a uno o más sujetos en favor de otro o más sujetos, sin que ninguno de los involucrados hubiera entablado relaciones contractuales entre sí como para crear vínculos de débito o crédito entre las partes. Se nos dice aquí que el iusnaturalismo importa "el reconocimiento de derechos a todas las personas", por lo que debemos entender que lo hace en la medida que acepta en cada persona un especifico individuo, lo que -en suma- equivale a expresar que, desde la óptica iusnaturalista, lo que se impone es la afirmación de los derechos individuales, esto es, el de cada persona en particular que, en conjunto, configura ese aludido "reconocimiento de derechos a todas las personas". Esto, naturalmente, es lo contrario al dogma socialista materia de este libro. Veamos a continuación otra forma o manera de enfocar el tema:

> "Tan importantes son los derechos individuales que merecen una fundación filosófica sólida. Si un liberal clásico mantiene que la libertad o los derechos individuales son valores últimos, un colectivista puede siempre parlotear que las libertades o derechos sociales son más nobles que aquellos sólo egoístas de los individuos. Pero no hay felicidad social distinta de la felicidad de los individuos. Es más sólido relacionar las libertades y derechos al criterio de felicidad que intuirlos directamente."[60]

Evidentemente, se hace hincapié sobre la falacia tan difundida por el pensamiento colectivista por la cual "lo social" vendría a ser algo por completo diferente a "lo individual", como si se trataran de

---

[59] Alberto Benegas Lynch (h) "NUEVO EXAMEN DEL IUSNATURALISMO". Revista Libertas IV: 7 (octubre 1987) Instituto Universitario ESEADE. Pág. 10

[60] Leland Yeager. "BASES RIVALES DEL LIBERALISMO CLÁSICO". Revista Libertas XIII: 44 (mayo 2006) Instituto Universitario ESEADE. Pág. 475.

entidades distintas y separadas, y no sólo eso, sino que sabemos que la demanda colectivista es que tal etérea forma denominada "social" tendría "objetividad propia", con independencia y por encima de la realidad "individual". En verdad, la falsedad se devela con mucha facilidad: "lo social" no es otra manera más que de simplificar lo que representan las acciones, intereses o pensamientos de un número de individuos, cantidad que puede ser más grande o más pequeña, pero cuyo tamaño no importa ningún cambio de naturaleza, ni de sustancia que permita inferir ni concluir que habría independencia y, menos aún, supremacía entre "lo social" y "lo individual".

La cuestión se agrava cuando esta categoría -inexistente objetivamente- nombrada "derechos sociales" procuró -y finalmente obtuvo- rango constitucional:

"En el Perú y América latina, liberales fueron las Constituciones del siglo XIX. Tenían dos partes: La primera y más importante declaraba los derechos de las personas a la vida, propiedad y libertad. Incluían las garantías de la ley previa al delito y el debido proceso, el no impuesto sin representación, y los derechos de expresión, y libertades de culto, imprenta, etc. Prohibían a los Gobiernos recortar o reglamentar estos derechos humanos individuales, considerados básicos y naturales, propios y consustanciales de todos los individuos libres. La siguiente declaraba las potestades de los órganos de Gobierno. Establecía la forma como eran elegidos y constituidos, sus poderes y atribuciones. Y sus límites. Después de varias décadas aparecieron los "derechos sociales", muchos de ellos contrarios a los individuales, al igual que los presentes supuestos derechos humanos llamados de "tercera y cuarta generación". Se inscribieron "derechos" a la educación, vivienda, salud, etc., confundiendo derechos con aspiraciones. Y se aumentaron los poderes y atribuciones de los Gobiernos y sus órganos, pensando que de este modo ellos lograrían cumplir estas aspiraciones."[61]

Esto sucede precisamente cuando –como señalábamos- se intenta superponer los "derechos sociales" a los individuales alegando que se tratan de dos tipos de "derechos diferentes" y que unos (los "sociales") deben prevalecer sobre los individuales. Es decir, cuando se parte de la presencia de un "conflicto" (en rigor imaginario) entre dos clases de "derechos". Algo similar sucede con el pleonasmo "derechos humanos" (ya examinado en este libro) redundancia que denota la contradicción de suponer derechos "no humanos", como podrían ser un "derecho mineral, vegetal o animal", cuando el derecho sólo adquiere sentido como creación exclusiva y excluyentemente humana.

Como decíamos, en los hechos, la falsa categoría "derechos sociales" ha servido y sigue sirviendo para desplazar y desconocer derechos intrínsecos y propios de las personas y como instrumento que utilizan los gobiernos y sus amigos -entre los que se cuentan grupos beneficiados por sus políticas- para acrecentar su dominio sobre otros grupos y otras personas disidentes. Los "derechos sociales" son una expresión que -en definitiva- enumera una lista de deseos de algunos sujetos (o de muchos) que para su concreción necesita del sacrificio de otros prójimos o de sus bienes, con lo cual -en realidad- los "derechos sociales" *se revelan como derechos grupales o sectoriales,* lo que da cuenta de su verdadera naturaleza y finalidad. Los mecanismos para materializar tales falsos "derechos sociales" son múltiples, pero el denominador común de todos ellos siempre es el mismo: *la expoliación de unos en su perjuicio para lograr la satisfacción de otros en su beneficio,* lo que resulta en lo que se ha dado en llamar un *juego de suma cero,* en que lo que ganan unos lo es -irremediablemente- porque otros lo han perdido. La conclusión -aparentemente paradójica- es que tales "derechos sociales" en realidad son *derechos antisociales*

---

[61] Alberto Mansueti - José Luis Tapia Rocha. *LA SALIDA. o la solución a los problemas económicos y políticos del Perú, Venezuela y América Latina-* Edición ILE. Perú. Pág. 157

Gabriel Boragina

Entremos ahora en el análisis de otro enemigo socialista, *el derecho a la intimidad*. El derecho a la intimidad es -puede decirse- en una perspectiva histórica, uno de los derechos más recientes aparecidos sobre la tierra. En efecto, en el pasado, la esfera privada y, por lo tanto, íntima de los seres humanos, se encontraba netamente sometida a los poderes de turno, ya fueran estos las antiguas monarquías – absolutas o no tanto- o bien, bajo los totalitarismos más cruentos surgidos en el siglo XX, entre los cuales destacaron el comunismo, el fascismo y el nazismo, dentro de cuyas "filosofías" el individuo es nada y el estado-gobierno lo es todo. En tales sistemas, la única intimidad respetada, y que debía respetarse, era la del déspota, su familia y la de nadie más. Aquel tenía el "derecho divino de los reyes" o del "estado" a conocer la intimidad de todos sus súbditos e interferir con ella cuantas veces le viniera en gana.

Pasada momentáneamente la fase más despiadada de los regímenes señalados, el intervencionismo gubernamental-estatal mundial dominante por doquier en nuestros días ,nos proporciona una dosis un tanto menor de interferencia en la vida privada e íntima de las personas comparadas con aquellos, pero tiende, cada vez que puede, a hacerse -paso a paso- más creciente y penetrante gracias a los enormes recursos tecnologías con lo que se cuentan hoy en día que, consecuentemente ,no estaban al alcance de los antiguos dictadores que, de haber dispuesto de ellos en su época hubieran hecho más estragos de los que realmente ocasionaron a sus pueblos.

Con todo, hay otros ámbitos en los cuales la intimidad se ve amenazada, en los que los gobiernos no tienen una injerencia al menos inmediata. Uno de ellos es, por ejemplo, la prensa:

> "De más está decir que la libertad de investigación periodística no puede lesionar derechos (nadie lo puede hacer en una sociedad civilizada) lo cual implica respetar el derecho a la intimidad. Este derecho consagrado en todas las Constituciones liberales, fue explicitado de modo detallado en 1890 por Samuel Warren y Luis Brandis en un ensayo titulado "The Right to Privacy" (Harvard Law Review) y más adelante el célebre

La meta de la sociedad superior

libro de Vance Pakard que bajo el título de *La sociedad desnuda* alude a todos los mecanismos y tecnologías gubernamentales y privadas que pueden utilizarse como invasivas (rayos láser, potentes máquinas fotográficas, telescopios y eventualmente aparatos que puedan captar ondas sonoras de la voz a grandes distancias) y las preguntas insolentes, formularios improcedentes y regulaciones invasivas por parte del Leviatán. Por razones de seguridad, la instalación de cámaras televisivas deben ser anunciadas por el instalador para dar la posibilidad de no transitar o visitar los lugares así vigilados. Por su parte, las llamadas cámaras ocultas en la mayor parte de las normativas penales no se aceptan como pruebas de un delito al ser recabadas por medio de otro delito."[62]

Efectivamente, hay que tener en cuenta que nuestra intimidad no solamente se encuentra amenazada por los aparatos estatales de coerción y compulsión como son los estados-gobiernos cuyo poder es cada vez más progresivo (si bien bajo formas más amables, sutiles y seudodemocráticas) sino que -potencialmente- todos nuestros semejantes operando en ámbitos institucionales (como pueden ser medios de prensa, organizaciones, empresas, escuelas, universidades, clubes, etc.) también representan un peligro potencial para la intimidad de las personas. De allí, la importancia de preservar y volver a jerarquizar este derecho. La procedencia de este derecho es crucial porque:

"Tal como escribe Milán Kundera en *La insoportable levedad del ser* "la persona que pierde su intimidad, lo pierde todo". El derecho a la privacidad significa el resguardo a lo más caro del individuo, como consigna Santos Cifuentes *en El derecho a la vida privada*, constituye una extensión del derecho de propiedad. En la sociedad abierta, el sentido básico de resguardar ese sagrado derecho está dirigido principalmente aunque no exclusivamente contra los gobiernos. Las personas tienen el derecho

[62] Alberto Benegas Lynch (h)." El eco de Eco: Otra vez la libertad de prensa" publicado en: http://www.eldiarioexterior.com/el-eco-de-eco-otra-vez-la-libertad-de-prensa-42304.htm

a resguardar sus personas, sus papeles, sus archivos en sus computadoras, sus correos electrónicos, sus casas y en general sus efectos contra requisitorias y revisaciones y que ninguna orden de Juez puede librarse sin causa probable de delito sustentada en el debido juramento y con la expresa descripción del lugar específico, los objetos y las personas a ser requisadas."[63]

Sin embargo, últimamente, con la gradual irrupción de Internet y de las redes sociales, ha surgido un fenómeno nuevo, que es el desmesurado exhibicionismo que la mayoría de las personas que hacen uso de las mismas exponen ante el mundo:

"Pero es sorprendente que hoy haya entregadores voluntarios de su privacidad que es parte sustancial de la identidad puesto que de la intimidad nace la diferenciación y unicidad que, como escribe Julián Marías en *Persona*, es "mucho más que lo que aparece en el espejo", lo cual parecería que de tanto publicar privacidades desde muy diversos ángulos queda expuesta la persona en Facebook (además de que en ámbitos donde prevalece la inseguridad ese instrumento puede tener ribetes de peligrosidad)."[64]

Hay indudablemente un trasfondo psicológico en toda esta cuestión exhibicionista. Parece que -en efecto- asistimos a una cierta pérdida de identidad y despersonalización individual masiva, lo cual -a nuestro juicio- no es fruto directo de la tecnología en sí misma, sino que procede del cierto giro que la civilización está tomando y que la lleva a abandonar el otrora individualismo y volcarse hacia el colectivismo. Se trata de un vuelco cultural que encuentra raíces profundas que, a nuestro modo de ver, debe rastrearse en la educación que se imparte globalmente, en la que los gobiernos no cumplen un rol menor, sino que, por el contrario, podemos decir que nuestra educación

---

[63] Alberto Benegas Lynch (h)." El eco..." óp. cit. Supra.
[64] Alberto Benegas Lynch (h) "Facebook y Compañía" publicado en http://eseade.wordpress.com/2014/04/24/facebook-y-compania/

La meta de la sociedad superior

se halla cada vez más y más estatizada. De allí que resulte cada vez más irónico escuchar hablar de educación "privada".

Existe un proceso de despersonalización, que se extiende casi en una velocidad similar al avance tecnológico, y en el caso puntual que nos ocupa, en forma directamente proporcional -nos animaríamos a decir- al progreso de Internet primero y al que se le agrega después el de los teléfonos celulares, con capacidades técnicas cada vez más sorprendentes. Pero reiteremos que no se trata el primero de un efecto de la tecnología sino de la masificación educativa y cultural a la que tiende nuestro mundo de hoy bajo el influjo de la teoría socialista.

Resulta, a nuestro criterio, altamente paradójico que exista gente que "se queje" de la intromisión del gobierno en sus vidas "privadas" a la vez que -contradiciendo su propia conducta anterior- ventile todas sus más detalladas intimidades en redes sociales como Facebook y Twitter, entre las más populares. Entre los argentinos, esta parece ser una conducta casi compulsiva, a la vez que irreflexiva, lo que denota -por otra parte- la razón por la cual los gobiernos nacidos de sus elecciones son cada vez crecientemente intrusivos.

Gabriel Boragina

La meta de la sociedad superior

Epilogo

Concluimos este libro donde intentamos reseñar lo terrorífico de la ideología socialista que tiene sometida al mundo a pesar de lo que pudiera parecer.

Justamente el hecho de que el socialismo y el comunismo sigan actuando solapadamente, sin estridencias, disfrazados debajo la máscara del "progresismo" y el discurso "políticamente correcto" representa un peligro igual o mayor al que existía antes de la caída del muro de la vergüenza (Berlín).

Hoy el socialismo, ya sin el traje de combate que caracterizaba a los guerrilleros cubanos, guevaristas, maoístas y soviéticos que aterrorizaban el mundo a sangre y fuego, viste de traje y corbata y se sienta en los sillones del poder, gradando formas elegantes, pero, como lobos con piel de cordero, siguen siendo los mismos (en espíritu sino en cuerpo) que los que ahora dicen haberse "convertido" o extinguido.

No parece advertirse que la Tercera Guerra Mundial -que tanta aprensión generaba en los tiempos de la Guerra Fría- se está desarrollando en nuestros días, pero con armas diferentes a las que se temían entonces. Esta lucha, se esta librando en el mundo actual sin cañones, municiones, bombas, portaviones, minas, submarinos, torpedos y toda aquella parafernalia que registran las historias ilustradas y que cada tanto aparecen en los documentales que rememoran los momentos de la guerra, y las películas que giran sobre aquellas épocas bélicas.

La guerra de hoy tiene otros pertrechos: libros revistas, periódicos y -en última instancia- ese cuarto poder famoso que se llama la prensa, que se encarga de propagar todo ese material que sutilmente la izquierda internacional prepara y distribuye a través de los canales informales y formales de la educación en sus tres niveles: primaria, secundaria y universitaria.

Por eso, el debate actual -tal como ayer- sigue siendo en el terreno de las ideas y -a su vez- este es el nuevo campo de batalla de la lucha contra el socialismo criminal.

Creo que la riqueza de este libro (si es que el lector coincide conmigo) consiste en que se trata de un texto vivo ya que refleja y reproduce los debates intensos que mantuve con muchos socialistas en muchas partes del mundo. Deliberadamente me impuse la brevedad y una tarea de resumen, y no quise transcribí una versión taquigráfica de todas las discusiones que he mantenido con marxistas, anarquistas, comunistas, izquierdistas y progresistas de distintos colores y pelajes. Todos unidos contra el enemigo común el capitalismo liberal.

Lo mismo cabe decir de las numerosas e intensas discusiones a las que di lugar con mis alumnos universitarios en los diferentes centros de estudio donde he impartido mis clases de política económica, finanzas y derecho tributario, y elementos de análisis económico y financiero, que son las materias que he venido dando desde hace muchos años.

Esta experiencia me ha permitido advertir algo que he procurado dejar señalado en el texto que estoy cerrando con este epilogo: la deficiente formación que tienen los mismos socialistas, no ya de los fundamentos del capitalismo y de escuelas económicas como la Escuela Austríaca de Economía sino de los propios principios que ellos "dicen" y pretenden "defender".

Descubrí -no sin cierta sorpresa- que los que se llaman a si mismos marxistas y que militan en diversos partidos socialistas, nunca leyeron a Marx, o si lo hicieron no pasaron más de las primeras páginas. Todo lo que saben de Marx está basado en el adoctrinamiento que han recibido de sus profesores escolares, secundarios y universitarios y luego de los dirigentes "populares" que pululan en los centros de estudiantes, o en los locales partidarios de algunas de las innumerables sectas entre las que están dispersos los grupos que peroran defender ideas de izquierda. *Es poco frecuente que la izquierda sepa de que trata la izquierda.* Perdí toda esperanza -de tal modo- de

La meta de la sociedad superior

que pudieran saber algo de lo mucho que se ha escrito sobre el capitalismo y el liberalismo.

Respecto de la falta de lectura de los seguidores de Marx, hay dos puntos a comentar. Por un lado, sería una fortuna -para los menos inteligentes- que no lo hayan leído, por cuanto de haberlo hecho serian diez veces mas peligrosos que en caso contrario. Y, por otro lado, es una pena que los más inteligentes no lo hubieran leído, porque quizás -en virtud de su inteligencia- se hubieran dado cuenta de las barrabasadas que Marx volcaba en sus páginas, y hubieran podido apreciar las numerosas contradicciones que tenía y -tal vez- ello los hubiera disuadido de hacerse marxistas.

A esto, se le suma otro aspecto negativo; con el tiempo se ha ido perdiendo el hábito de la lectura. Al ya proverbial relajamiento educativo general que caracteriza a nuestro tiempo ha de agregárseles la irrupción de las *redes sociales*, que imponen -por su propia dinámica- un estilo de comunicación telegráfico, superficial e instantáneo, que hace ilusorio el proceso de fijación de ideas que requiere concentración y reflexión. El esfuerzo mental se desaliente ya desde la primera escuela en la niñez. Y el universitario apenas puede dominar muy poco de comprensión de textos, no pudiendo superar lo básico.

Este desenvolvimiento degenerativo cultural es típico resultado de la izquierda socialista marxista y no es casual, es un proceso provocado. El socialismo es -paradójicamente- militarista -como señalamos en el texto- y como tal necesita y reclutas militantes (así se los llama literalmente) disciplinados y obedientes donde el pensar de manera independiente es un estorbo, un escollo y hasta un peligro a los objetivos de la revolución la que se debe dar por cualquier medio, sea por las armas de fuego o por las otras armas, las del pensamiento.

Prueba de ello resulta que, tampoco es casual que, hasta en el mundo laboral, de los negocios y de los empleos (en las grandes empresas incluso) se utilice esa terminología socialista. Aun en esos campos, a los antes llamados *selectores de personar* ahora se les dice *reclutadores*; ya no se habla de "jefes" y "empleados" como antes sino de *líderes y subordinados*, y así por el estilo) es decir ,es sintomático que una jerga que comenzó siendo de uso político e ideológico creada por el socialismo izquierdista se emplee hoy y se haya incorporado al lenguaje de las relaciones laborales dentro de empresas que tradicionalmente se las ha tenido y aun se las tiene popularmente como "capitalistas".

Esto va indicando el grado de infiltración ideológica de la denominada "izquierda" dentro de las instituciones vitales de la sociedad. De tal suerte que, el socialismo ya no necesita aquel aparato propagandístico del cual dependían la URSS, China y demás países de la órbita comunista para hacerle creer al denominado "mundo libre" de que el socialismo al fin había alcanzado la etapa de la sociedad superior que es el tema central de esta pequeña obra. Y que sin dicho andamiaje publicitario nadie les hubiera creído, como finalmente el colapso de ambos gigantes terminó demostrando para aquellos quienes quisieron verlo. Es verdad que China no abandonó los rótulos comunistas impuestos desde los tiempos de Mao, pero también es cierto que las lentas y tímidas medidas adoptadas hacia una mayor apertura comercial externa más que interna, indican a las claras que su pretendido socialismo se ha tornado insostenible. China es hoy un pais del cual no se le puede decir estrictamente comunista, pero si es socialista, lo que implica -según la idea de muchos y también nuestra- un escalón o grado menos que el comunismo, pero, indudablemente muy pero muy lejos del capitalismo.

Como decíamos en el prefacio, este libro se impuso desde su mismo comienzo brevedad en su desarrollo, porque -en realidad- no es más que la continuación de otros que le han precedido, y donde -si bien de modo tangencial- han incursionado en el análisis del socialismo, pero lo fueron en todos los casos desde otros ángulos de visión diferentes al dado aquí.

Claro, el tema -como todo lo humano- es inagotable, y las aristas desde las cuales puede ser abordado también lo son. Y aunque abundan los libros que hablan del marxismo, el socialismo y el comunismo son pocos, muy pocos los que están escritos por autores contrarios a dichas ideologías. En cambio, son abrumadora mayoría los escritos por autores marxistas, socialistas y comunista. Y si contabilizamos a otros escritores partidarios del fascismo y del nazismo la lista de volúmenes de autoría de todos estos se estira muchísimo mas.

Ya me he referido en otras partes a cierto *triunfalismo* entre la filas liberales respecto de que el liberalismo se está extendiendo como "reguero de pólvora" en el mundo, lo que los lleva a concentrar sus esfuerzos al debate interno entre liberales porque entienden que el resto del mundo ya ha comprendido el ideario liberal y que no queda en ese terreno nada más que hacer son a organizar y reunir las energías en la forma en que el liberalismo debe articularse en política, formar partidos y dedicarse a campañas para lograr votos en las elecciones.

También expuse muchas veces que yo no comparto esa visión ingenuamente triunfalista. No contabilizan nuestros amigos liberales que así razonan y, más bien pasan por alto o -en el mejor de los casos- minimizan, que la literatura socialista, marxista y comunista (ahora oculta bajo el disfraz del "progresismo" y el "izquierdismo") multiplica por varias veces la de los liberales, libertarios o como se les quiera llamar. Y que -además- bajo los consejos de aquel ideólogo marxista italiano tan poco nombrado y menos recordado, pero, con todo, el más importante -Antonio Gramsci- el marxismo ya hace varias décadas está ganando *la batalla cultural* por sobre el liberalismo. Prueba de ello es lo mal que va el mundo.

Es por esto último que creo que el esfuerzo debe redoblarse y continuar escribiendo, disertando, difundiendo y enseñando qué es realmente el liberalismo y su brazo económico el capitalismo, porque de esto depende la prosperidad material de la humanidad y, en última instancia, su misma supervivencia, como tanto y tan insistentemente alertaba el sabio de Ludwig von Mises.

Cabe pues concluir, en base a todo lo expuesto en este libro, que *la meta de la sociedad superior* no sólo no ha sido conseguida por el socialismo, sino que fue, es y será imposible que algún día la logre.

La teoría y la práctica histórica si, han demostrado -en cambio- que en aquellos lugares donde el capitalismo ha sido aplicado en pequeños porcentajes, los progresos obtenidos fueron tan espectaculares en lo social que no cabe ninguna duda que todos esos argumentos y elementos nos confirman que la única manera de alcanzar la meta de la sociedad superior es implantando y conservando el sistema capitalista al cien por ciento de su potencialidad, y no como ahora donde apenas se lo deja actuar en un 10% a un 20% en el mejor de los casos y dependiendo del lugar donde se le permite desplegarse.

Por último, me resta esperar que este librito haya podido colmar las expectativas del lector al acercarse al mismo, a lo que el autor le queda sinceramente agradecido por su lectura e interés.

Gabriel Boragina

La meta de la sociedad superior

Gabriel Boragina

BIBLIOGRAFÍA DEL AUTOR

- *¿Qué es el populismo? Ensayo político, económico y sociológico.*
- *Acerca del poder*
- *Análisis económico sobre el gobierno*
- *Apuntes sobre filosofía política y económica*
- *Apuntes sobre gasto público y fiscalidad*
- *Argentina: historia de un drama*
- *Breve introducción al estudio de la economía*
- *Capitalismo, estado e intervencionismo*
- *Derecho y política*
- *El secreto de la riqueza y el fin de la pobreza*
- *El tiempo*
- *Elementos de economía internacional*
- *Impuestos (una muy breve introducción al tema)*
- *Introducción a la teoría de la moneda y de los precios*
- *La ciencia económica (tratado de economía). Tomo 1*
- *La ciencia económica (tratado de economía). Tomo 2*
- *La ciencia económica (tratado de economía). Tomo 3*
- *La credulidad*
- *La democracia*
- *La educación (una primera mirada)*
- *La teoría del mito social*
- *La verdadera revolución social*
- *Los impuestos y el derecho*
- *Mercado del trabajo y de las relaciones laborales*
- *Nuestra divinidad*
- *Política, burocracia y economía*
- *Socialismo y Capitalismo*
- *Temas económicos*
- *Teoría del mercado (libre e intervenido)*
- *Teoría del mito social*

Estas obras, y otras más, también podrán encontrarse en los siguientes sitios con diversos puntos de distribución:
https://libros-gsb.blogspot.com/